詳密
註釋
通鑑諺解
【卷之十二】

明文堂編輯部 校閱

明文堂

詳密
註釋

通鑑諺解【卷之十二】目次

卷十二唐紀 高宗 …………………… 一

　　　　　中宗 …………………… 一八

　　　　　睿宗 …………………… 五四

　　唐紀 玄宗明皇帝上 …………… 五九

　　唐紀 玄宗明皇帝下 …………… 九八

詳密註釋 通鑑諺解 第十二

唐紀

高宗 名治太宗第九子 在位三十四年 壽五十六

溺愛衽席不戒履霜之漸卒使天后斷喪唐室

貽禍邦家

(庚戌)永徽元年이라이正月에上이召朝集使호야(釋義)自外入朝與朝班者曰朝集使謂曰朕이

初即位니事有不便於百姓者를悉宜陳고不盡者를更封奏라

自是로日引刺史十人야入閣고問以百姓疾苦와及其政治를

有洛陽人李弘泰ㅣ誣告長孫無忌ㅣ謀反야늘上이立命斬

之니無已ㅣ與褚遂良으로同心輔政고上이亦尊禮二人야恭己

以聽之故로永徽之政에百姓이阜安야有貞觀之遺風이러라

永徽元年이라正月에上이朝集使를召호야일너日朕이첨으로位에即호니事가百

姓의게不便홈이有혼者를다맛망이陳호고不盡혼者를다시封奏호라是로붓터日

로刺史十人을引호야入閣에入호고써百姓의疾苦와밋其政治를問호시니洛陽人李弘

(阜安은 盛也ㅣ라) 阜盛也

(才人)
才人昭儀註
並婦官名

(后)特進
魏公鄭仁
祐之女

(元舅)無
忌也高宗
母長孫皇

泰ㅣ有ᄒᆞ야 誣告ᄒᆞ되 長孫無忌가 反을 謀ᄒᆞ다ᄒᆞ거늘 上이 ᄌᆕ시 命ᄒᆞ야 斬ᄒᆞ니 無忌

ㅣ遂良ᄋᆞ로더부러 心을 同ᄒᆞ야 政을 輔ᄒᆞ고 上이ᄯᅩᄒᆞ二人을 禮로 尊ᄒᆞ야 己를 恭

ᄒᆞ야ᄡᅥ 聽ᄒᆞ는 故로 永徽의 政에 百姓이 阜ᄒᆞ게 安ᄒᆞ야 貞觀의 遺風이 有ᄒᆞ더라

(甲寅)五年이라이 上之爲太子也에 人侍太宗ᄒᆞ셔 見才人武氏而

悅之ᄒᆞ니 太宗이 崩ᄒᆞ애 武氏ㅣ爲尼ᄒᆞ다 忌日에 上이 詣寺行香ᄒᆞ애 見之ᄒᆞ고

納之後宮ᄒᆞ야 拜爲昭儀ᄒᆞ니 后及淑妃ㅣ 寵皆衰ᄒᆞ야 由是로 有廢立

之志러라

五年이라 上이 太子ㅣ되야 앗슬ᄹᅢ에 入ᄒᆞ야 太宗을 侍ᄒᆞᆯᄉᆡ 才人武氏를 見ᄒᆞ고 悅ᄒᆞ엿

더니 太宗이 崩ᄒᆞ매 武氏ㅣ尼가 된지라 忌日에 上이 寺에 詣ᄒᆞ야 香을 行ᄒᆞ다가 見ᄒᆞ고

後宮에 納ᄒᆞ야 拜ᄒᆞ야 昭儀를 삼으니 后와밋 淑妃ㅣ 寵이다 衰ᄒᆞ지라 是로 由ᄒᆞ야 廢

立의 志가 有ᄒᆞ더라

上이 一日에 退朝ᄒᆞ야 召長孫無忌 李勣 于志寧 褚遂良 於內殿ᄒᆞ야

上이 一日之召ᄂᆞᆫ 多爲中宮이라 上意ㅣ 旣決ᄒᆞ니 逆之ᄒᆞ면 必死나

太尉ᄂᆞᆫ 元舅오 司空은 功臣이니 不可使上ᄋᆞ로 有殺元舅及功臣之

后之兄也
勸〔司空〕李

名어니와 逐良은 起於草茅ᄒ야 無汗馬之勞ᄒ고 致位至此ᄒ고 且受顧

托ᄒ니 不以死도 爭之ᄒ면 何以下見先帝ᄒ리오 勸이 稱疾不入ᄒᄂᆞᆯ 無忌

等이 至於殿ᄒᆞ니 上이 顧謂無忌曰皇后ᄂᆞᆫ 無子ᄒ고 武昭儀ᄂᆞᆫ 有子ᄒ니

今欲立昭儀ᄒ야 爲后ᄒᄂᆞ니 何如오 遂良이 對曰皇后ᄂᆞᆫ 名家오 先

帝ㅣ 爲陛下所娶라 先帝ㅣ 臨崩애 執陛下手ᄒ시고 謂臣曰朕이 佳

兒佳婦를 今以付卿이라ᄒ시니 此ᄂᆞᆫ 陛下所聞이라 言猶在耳ᄒ고 皇后ㅣ

未聞有過ㅣ어니 豈可輕廢ᄒ리잇고 上이 不悅而罷朝ᄒ다

上이 一日에 朝ᄅᆞᆯ 退ᄒ야 長孫無忌와 李勸과 于志寧과 褚遂良을 內殿으로 召ᄒ더니 遂

良이 曰今日의 召ᄂᆞᆫ 만이 中宮을 爲ᄒ심이라 上의 意가 旣히 決ᄒ엿스니 逆ᄒ면 必死

나 太尉ᄂᆞᆫ 元舅오 司空은 功臣이라 可히 上으로ᄒ야곰 元舅와 밋 功臣을 殺ᄒᄂᆞᆫ 名을

有케ᄒ지못ᄒ려이오 遂良은 草茅의셔 起ᄒ야 馬를 汗ᄒᆞᆫ 勞가 無ᄒ고 下位를 致ᄒ야 此

에 至ᄒ고 ᄯᅩ 顧託을 受ᄒ얏스니 死로써 爭ᄒ지아니ᄒ면 엇지 ᄡᅥ 先帝를 見ᄒ

리오 勸이 疾을 稱ᄒ고 入ᄒ지아니ᄒ거늘 無忌等이 殿에 至ᄒ니 上이 無忌를 顧ᄒ

며 謂ᄒ여 曰皇后ᄂᆞᆫ 子가 無ᄒ고 武昭儀ᄂᆞᆫ 子가 有ᄒ니 今에 昭儀를 立ᄒ야 后를 合고

詳密註釋通鑑諺解　卷之十二

호고노니엇더호고遂良이對호야曰皇后는名家오先帝게읍셔陛下를爲호야娶케

호신바라先帝ㅣ崩호심을臨호야陛下의手를執호시고臣바에게謂호야曰朕이佳兒

와佳婦를今에써卿에게付호다호시니此는陛下의聞호신바ㅣ言이오히려耳에在

호고皇后ㅣ過가有홈을聞호지못호얏소오니엇지可히輕호게廢호리잇고上이悅

치아니호고朝를罷호다

明日에又言之호딕遂良이曰陛下ㅣ必欲易皇后딘伏請妙擇天

下令族이어니何必武氏고武氏ㅣ經事先帝는衆所共知라天下耳

目을安可蔽也고萬代之後의謂陛下ㅣ爲如何오願留三思호쇼

臣이今忤陛下意호니罪當死로다因置笏於殿階호고解巾叩頭流

血日還陛下笏호고乞放歸田里호쇼上이大怒호야命引出호니昭儀

一在簾中야大言曰何不撲殺此獠오上이（撲粥角反獠音老又音瓜釋義撲殺投擲而擊殺之西南夷曰獠遂良抗州人故云）

忌一日遂良은受先朝顧命호니有罪라도不可加刑이어니干志寧은不

敢言이러라韓瑗이因間奏事호고泣涕極諫호딕上이皆不納호다

明日에또言호딕遂良이曰陛下ㅣ반다시皇后를易호고즈호실진딘伏請권딕妙히

（因間）奏
事目煩不
引

四

天下令族을擇ᄒᆞ실거시니엇지반다시武氏리잇고武氏ㅣ先帝를經事ᄒᆞᆷ은衆이깃

치知ᄒᆞᄂᆞᆫ바니天下의耳目을엇지可히蔽ᄒᆞ리잇고萬代後에謂ᄒᆞ디陛下ㅣ如何타

효지니願컨디留ᄒᆞ야三思ᄒᆞ소셔臣이今에陛下의意를忤ᄒᆞ얏스니罪가맛당이死

라ᄒᆞ고因ᄒᆞ야笏를殿陛에置ᄒᆞ고巾을解ᄒᆞ고頭을叩ᄒᆞ야血을流ᄒᆞ며日陛下게

을還ᄒᆞ노니乞ᄒᆞ건디田里로放歸ᄒᆞ소셔上이怒ᄒᆞ야命ᄒᆞ야出케ᄒᆞ며昭儀ㅣ

簾中에在ᄒᆞ야크게言ᄒᆞ야日엇지此獠를撲殺ᄒᆞ지아니ᄒᆞᄂᆞ고無忌曰遂良은

先朝의顧命을受ᄒᆞ얏스니罪가有ᄒᆞ드라도可히刑을加치못ᄒᆞ리ᄒᆞ고于志寧은敢

히言ᄒᆞ지못ᄒᆞ더라韓瑗이間을因ᄒᆞ야事를奏ᄒᆞ고泣涕ᄒᆞ고極히諫ᄒᆞ되上이다納

지안타

他日여李勣이入見늘이어上이問之曰朕이欲立武昭儀ᄒᆞ야爲后ᄒ

遂良이固執以爲不可ᄒᆞ니라ᄒᆞ遂良은既顧命大臣이라事當且己乎

對日此는陛下의家事ㅣ니何必更問外人이릿고上意ㅣ遂決ᄒᆞ야許

敬宗이宣言於朝曰田舍翁도多收十斛麥이면尙欲易婦던況

天子ㅣ立一后에何豫諸人事완디而妄生異議乎가昭儀ㅣ令左

右로以聞ᄒᆞ되貶遂良ᄒᆞ야爲潭州都督ᄒᆞ고十月에下詔ᄒᆞ야廢王皇后

(淑妃)位
一品姓
氏蕭

蕭淑妃야 爲庶人을코 命司空李勣야 賫璽綬야 冊皇后武氏다

他日에 李勣이 入야 上게 見거늘 上이 問야 日武昭儀를 立야 后를 合
코뎌호딕 遂良이 固執야 可치 안타니 遂良은 이미 命大臣이라 事를 밋망이 쪄 巳
호랴 對日 此는 陛下의 家事니 엇지 反다시 更히 外人의게 問호리잇고 上의 意가 드
여決호다 許敬宗이 朝에 言을 宜호야 日田舍翁도 十斛麥을 多收호면 오히려 婦를 易
코져 호거던 況天子ㅣ 一后를 立홈에 무엇이 人事에 豫호관딕 妄히 異議를 生호고
가昭儀ㅣ 左右로 야 今듸 遂良을 貶야 潭州都督을 合고 十月에 詔를 下호
야 王皇后와 蕭淑妃를 廢호야 庶人을 合고 司空李勣을 命야 璽綬를 賞호야 皇后武
氏를 冊호다

李義府ㅣ 參知政事니 義府ㅣ 容貌ㅣ 溫恭야 與人語에 必嬉怡
微笑而狡險忌克故로 時人이 謂義府ㅣ 笑中에 有刀고 又以其
柔而害物로 謂之李猫라더라

李義府ㅣ 政事를 參知야 니 義府ㅣ 容貌가 溫야고 恭야 人으로 與야 語호미 반다
시 嬉怡야고 微笑호되 狡險忌克故로 時人이 謂호딕 義府ㅣ 笑中에 刀가 有고 또
그 柔고 物을 害홈으로써 謂호딕 李猫라더라

(狡)險註
狡忌險
阻忌
猜難也
姤忌也
猾險也
克勝也
惡克謂猾
賊害也
好猾謂

(丙辰)顯慶元年이라어上이謂侍臣曰朕이思養人之道호되未得其

要니公等은爲朕陳之라호되來濟―對曰昔에齊桓公이出遊다가見老

而飢寒者를고命賜之食호되老人이曰願賜一國之飢者호소賜之

衣호되老人이曰願賜一國之寒者호소公이曰寡人之廩府―安

足以周一國之飢寒오리老人이曰君이不奪農時則國人이皆

有餘食矣오不奪蠶要則國人이皆有餘衣矣리이다故로人君이

養人애在省其征役而已니이다

顯慶元年이라上이侍臣더러謂曰朕이養人ㅎ는道를思호되其要를得지못ㅎ얏스

니公等은朕을爲ㅎ야陳ㅎ라來濟―對曰昔에齊桓公이出ㅎ야遊ㅎ다가老ㅎ고飢

寒호者를見ㅎ고命ㅎ야食을賜호되老人이曰願컨디一國의飢호者를賜ㅎ소셔衣

를賜호디老人이曰願컨디一國의寒者를賜ㅎ소셔公이曰寡人의廩府―엇지足히

써一國의飢寒을周ㅎ리오老人이曰君이農時를奪치아니ㅎ즉國人이다餘食이有

ㅎ고蠶要를奪치아니ㅎ즉國人이다餘衣가有ㅎ리이다ㅎ니故로人君이人을養홈

민其征役을省홈에在홀짜름이니이다

詳密註釋通鑑諺解　卷之十二

(丁巳)二年이라許敬宗李義府ㅣ誣奏호디褚遂良韓瑗이 潛謀不
軌야호라皆坐貶호다
二年이라許敬宗과李義府가誣奏호디褚遂良과韓瑗이不軌를潛謀호다호야늘
貶에坐호다

(戊午)三年이라許敬宗이誣奏호디無忌ㅣ謀反야호이라호늘 詔黔州安置호니라
尋에殺之호다
三年이라許敬宗이誣奏호디無忌가反홈을謀호다호야늘詔호야黔州에安置호엿
더니尋에殺호다

(庚申)五年이라上이初에苦風眩야호目不能視라百司ㅣ奏事에上
或使皇后로決之니려后의性이明敏고涉獵文史야호處事에皆稱
旨라由是로始委以政事니호權이與人主로侔矣러
五年이라上이初에風眩에苦호야目으로能히視치못호는지라百司ㅣ事를奏호미
上이或皇后로호야금決케호엿더니后의性이明호고敏호고文史를涉獵호야事를
處호미다旨를稱호는지라是로由호야政事로써委호니權이人主로부러侔호더

(甲子)麟德元年이라 初에武后ㅣ能屈身忍辱ᄒ야 奉順上意故로
上이排羣議而立之니라 及得志에 專作威福ᄒ니 上이欲有所爲ᄒ
動爲后所制라 自是로 上이每視事則后ㅣ垂簾於後ᄒ고 政無大
小히皆預聞之니 天下大權이 悉歸中宮오 黜陟生殺을 決於其
口니 天子는拱手而已라 中外ㅣ謂之二聖이러라

麟德元年이라 初에武后ㅣ能히身을屈ᄒ고 辱을忍ᄒ야上의意를奉順ᄒ故로上이
群議를排ᄒ고立ᄒ엿더니 밋志를得ᄒ야 威와福을오로지作ᄒ니 上이爲ᄒ바가有
ᄒ디動ᄒ매后의制ᄒ는바ㅣ되더라 是로自ᄒ야 上이每히事를視ᄒ則后ㅣ簾을後
에垂ᄒ고政에大와小ㅣ가업시다預ᄒ야聞ᄒ니 天下에큰權이다中宮의歸ᄒ고黜
陟生殺을다其口에셔決ᄒ니 天子는手를拱ᄒ뜯ᄅᆞᆷ이라 中外가다二聖이라謂ᄒ더
라

(成辰)總章元年이라 李勣等이 擊高麗ᄒ서 薛仁貴로爲前鋒ᄒ야 與
高麗로戰ᄒ야大破之ᄒ고 進至鴨綠柵ᄒ야 又破之ᄒ고 遂圍平壤ᄒ니 月

餘에 高麗王藏이 降호니 高麗ㅣ悉平호다

總章元年이라 李勣等이 高麗를 擊홀시 薛仁貴로 前鋒을 合아 高麗로더부러 戰호야
크게 破호고 進호야 鴨綠柵에 至호야 또 破호고 드듸여 平壤을 圍호엿더니 月餘에 高
麗王藏이 降호니 高麗ㅣ다平호다

(己巳)二年이라 壽張人張公藝ㅣ九世를 同居ㅣ나 齊隋唐이 皆旌

表其門이러니 上이 過壽張이라 幸其宅호야 問所以能共居之故ㅣ든 公

藝ㅣ 書忍字百餘호야 以進혼이어 上이善之호야賜之縑帛호다

二年이라 壽張人張公藝ㅣ九世를 同居호니 齊隋唐이다 其門에 旌表호엿더라 上이
壽張에 過호다가 其宅에 幸호야 ᄡ어 그 共居호ᄂ 故를 問호ᄃ 公藝ㅣ忍字百餘를 書호
야進호거늘上히善히여여縑帛을賜호다

以雍州長史盧承慶으로 爲司刑太常伯호다 承慶이 嘗考內外官

有一官이 督運이라 遭風失米호여 承慶이 考之曰監運損粮

考ㅣ中에 下호도 其人이 容色이 自若호고 無言而退호늘 承慶이 重其雅

量호야 改注曰非力所及이니 考ㅣ中에 中이로 旣無喜容호고 亦無愧詞

(不肯子)房遺愛杜荷也

여又改ᄒᆞ야曰籠辱에不驚ᄒᆞ니考ㅣ中ᄋᆞᆫ에上ᄒᆞ다이로

雍州長史盧承慶으로써司刑太常伯을合ᄒᆞ다承慶이일즉內外官을考ᄒᆞ더니一官이

有ᄒᆞ야督運ᄒᆞ다가風을遭ᄒᆞ야米를失ᄒᆞ엿거늘承慶이考ᄒᆞ고退ᄒᆞ고曰運을監ᄒᆞ야糧을

損ᄒᆞ니考ㅣ中의下ㅣ로다其人이容色이自若ᄒᆞ고言이無ᄒᆞ거늘承慶이그雅

量을重이역ᄒᆞ여셔改ᄒᆞ야曰力의及ᄒᆞᆫ바이안이니考ㅣ中에中이로다이미喜容

이無ᄒᆞ고坐ᄒᆞᆫ愧詞가無ᄒᆞ거늘坐改ᄒᆞ야曰籠과辱에驚ᄒᆞ지아니ᄒᆞ니考ㅣ中에上
이로다

李勣이 寝疾이여 子弟ㅣ 爲之迎醫ᄒᆞᆫ듸 皆不聽曰吾ㅣ本山東田

夫로遭値聖明ᄒᆞ야 致位三公ᄒᆞ야 年將八十ᄒᆞ니 豈非命耶아 ᄒᆡ脩短이

有期ᄒᆞ니 豈能復就醫工ᄒᆞ야 求活오이리 一旦에 忽謂其弟弼曰我ㅣ

見房杜ㅣ平生에 勤苦ᄒᆞ야 僅能立門戶ㅣ러니 遭不肖子ᄒᆞ야 蕩覆無餘

吾ㅣ有此子孫ᄒᆞ니 謹察視之ᄒᆞ야 其有志氣ㅣ不倫ᄒᆞ고 交遊ㅣ非類

者ᄃᆞᆫ 皆先撾殺(禍陂瓜反言擊殺之也) 然後에 以聞ᄒᆞ라 自是로 不復更言가이라 十

二月에 薨ᄒᆞ니 起家에 象陰山鐵山烏德鞬山(鞬居言反)ᄒᆞ고 以旌其破突

(譽相)目
譽量也相
息亮切
(雍睦)彙
雍和也

厥薛延陀之功이러라

李勣이寢疾이여늘子弟가爲ᄒᆞ야醫를迎ᄒᆞᆫ대다聽치아니ᄒᆞ고日吾ㅣ本이山東의

田夫로聖明을遭値ᄒᆞ야位가三公에致ᄒᆞ고年이장ᄎᆞᆺ八十이니엇지命이아니랴偹

短이期가有ᄒᆞ니엇지능히다시醫工에就ᄒᆞ야活홈을求ᄒᆞ리오一日에忽히其弟弼

다러謂曰我ㅣ見ᄒᆞ민房杜ㅣ平生에勤苦ᄒᆞ야겨우能히門戸를立ᄒᆞ엿더니不肖子

들遭ᄒᆞ야蕩覆ᄒᆞ야餘가無ᄒᆞ지라吾ㅣ이子孫이有ᄒᆞ니謹히察視ᄒᆞ야그志氣가不

倫ᄒᆞ고交遊가非類인者가잇거든先히撾殺ᄒᆞᆫ後에ᄡᅥ聞ᄒᆞ라ᄒᆞ고自是로다시言

을아니ᄒᆞ고十二月에薨ᄒᆞ니象을起ᄒᆞ미陰山과鐵山과烏德鞬山을象ᄒᆞ고그突厥

과薛延陀를破ᄒᆞᆫ功을旌이러라

勣이爲將에有謀喜斷ᄒᆞ고與以議事에從善如流ᄒᆞ고戰勝則歸功

於下ᄒᆞ야所得金帛을悉散之於將士故로人思致死ᄒᆞᄂᆞ니所向克

捷이라臨事選將에必譽相其狀貌豐厚者ᄒᆞ야遣之ᄒᆞᆯᄉᆡ或이問其

故ᄒᆞᆫ대勣이曰薄命之人은不足與成功名이라ᄒᆞ더라閨門이雍睦而嚴

ᄒᆞ고其姊ㅣ嘗病에勣이己爲僕射ᄒᆞ야親爲之煮粥이라風回爇其鬚

爇ᄂᆞᆫ燒也ㅣ라

姉ㅣ曰僕妾이幸多ㅣ여何自苦如是오勖이曰非爲無人使令也ㅣ라顧姉ㅣ老ᄒᆞ고勖亦老ᄒᆞ니雖欲久爲姉煮粥이나其可得平아勖이嘗謂人ᄃᆞ려我ㅣ十二三時에爲無賴賊ᄒᆞ야逢人則殺호ᄃᆡ十四五에爲難當賊ᄒᆞ야有不愜意則殺之호ᄃᆡ十七八에爲佳賊ᄒᆞ야臨陳乃殺人ᄒᆞ고二十에爲大將ᄒᆞ야用兵以救人ᄒᆞ니라

勖이爲將에謀가有ᄒᆞ고斷홈을喜ᄒᆞ고人으로더부러事를議ᄒᆞ미善홈을從ᄒᆞ기를流ᄀᆞᆺ치ᄒᆞ고戰을勝ᄒᆞ고功을下의게歸ᄒᆞ야得ᄒᆞᆫ바金帛을다將士의게散ᄒᆞᄂᆞᆫ故로人이致死ᄒᆞ기를思ᄒᆞ야向ᄒᆞᄂᆞᆫ바에克捷이라事를臨ᄒᆞ야將을選호ᄆᆡ반ᄃᆞ시其狀貌가豐厚ᄒᆞᆫ者를嘗相ᄒᆞ야遣ᄒᆞ거ᄂᆞᆯ或이그故를問ᄒᆞᆫᄃᆡ勖이曰薄命의人은ᄌᆞᆨ히부러功名을成ᄒᆞ게不ᄒᆞ다ᄒᆞ더라閫門이雍睦ᄒᆞ고嚴ᄒᆞ야將이日薄命의人이病ᄃᆞᆯ민勖이몸이僕射가되야親히爲粥ᄒᆞ야姊을爲ᄒᆞ야其鬚髮을爇ᄒᆞ니姊ㅣ日僕妾이幸多여엇지스스로老ᄒᆞ니비록久히姊를爲ᄒᆞ야粥을ᄒᆞ고ᄌᆞ하나可히得ᄒᆞ리오勖이도ᄯᅩ老ᄒᆞ니姊ㅣ老ᄒᆞᆯ시고勖이曰僕妾이ᄉᆞ람더러謂호ᄃᆡ我ㅣ十二三時에無賴賊이되야서人을逢ᄒᆞᆫ즉殺ᄒᆞ고十四五에難當賊이되야서人을逢ᄒᆞᆫ즉殺ᄒᆞ고十七八에佳賊이되야陳을臨ᄒᆞ야이에

〔司刑少〕常伯字目少作則司列常伯即列司列部侍郞即吏少

人을殺ᄒᆞ고二十에大將이되야兵을用ᄒᆞ야ᄡᅥ人을救ᄒᆞ얏노라

時에承平이旣久ᄒᆞ고 選人이益多ᄒᆞ라是歲에司刑少常伯裴行儉이

始與員外郞張仁褘로 設長名姓歷榜引銓注之法ᄒᆞ고 又定

州縣升降官資高下ᄒᆞ니 其後에遂爲永制ᄒᆞ야無能革之者ᄅᆞ러大

畧은唐之選法이取人에ᄡᅥ身言書判ᄒᆞᄂᆞ니 計資量勞而擬官ᄒᆞ더始集而試ᄒᆞ야觀其書判ᄒᆞ고已試
先德行見選擧志
優長四事者可取則
오唐制擇人之法有四一曰身體貌豐偉二曰言言辭辯正三曰書楷法遒美四曰制文理

而銓ᄒᆞ야察其身言ᄒᆞ고已銓而注ᄒᆞ야 詢其便利ᄒᆞ고已注而唱ᄒᆞ고集衆

告之ᄒᆞ야各給以符ᄒᆞ고謂之告身이러라

時에承平이旣久ᄒᆞ고人을選홈이더욱多ᄒᆞᆫ지라是歲에司刑少常伯裴行儉이비로

소員外郞長仁褘로더부러長名姓歷榜引銓注의法을設ᄒᆞ고ᄯᅩ州縣에官資高下를

升降홈을定ᄒᆞ니其後에드듸여永制가되야能히革者가無ᄒᆞ더라大畧은唐의選ᄒᆞ

ᄂᆞᆫ法이人을取ᄒᆞ미身言書判으로ᄡᅥ資ᄅᆞᆯ計ᄒᆞ고勞ᄅᆞᆯ量ᄒᆞ야官을擬ᄒᆞ디비로소集

ᄒᆞ야試ᄒᆞ야其身言을觀ᄒᆞ고己試ᄒᆞ야其身言을察ᄒᆞ고己銓ᄒᆞ고注ᄒᆞ야其

便利ᄅᆞᆯ詢ᄒᆞ고己注ᄒᆞ고唱ᄒᆞ야衆을集ᄒᆞ야各기符로ᄡᅥ給ᄒᆞ고일으되告身

(壬午)永淳元年이라ᄒᆞ더라

(壬午)永淳元年이禮部尙書裴行儉이薨ᄒᆞ다 行儉이有知人之

鑑ᄒᆞ야 初爲吏部侍郎에 前進士王勮와(渠據反) 咸陽尉蘇味道ㅣ皆

未知名이도 行儉이 一見ᄒᆞ고謂之曰二君은後當相次掌詮衡ᄒᆞ야(官註)

僕이有弱息ᄒᆞ니(息生也謂其所生之子也) 願以爲托ᄒᆞ노라 是時에勮弟勃과與華

陰楊烱과 范陽盧照鄰과 義烏駱賓王이(駱歷谷反姓也) 皆以文章으로有盛

名ᄒᆞ니 李敬玄이尤重之ᄒᆞ야 以爲必顯達ᄒᆞ되行儉이曰士之致遠者

當先器識而後才藝니 勃等이雖有文華나而浮躁淺露ᄒᆞ니

豈享爵祿之器耶아 楊子는稍沉靜ᄒᆞ니應至令長이오餘得令終ᄒᆞ면

幸矣라ᄒᆞ더니 旣而오勃은渡海가라墮水고炯은終於盈川令고照鄰은惡

疾不愈매라ᄒᆞ야 赴水死고賓王은反誅고勮와味道는皆典選ᄒᆞ야如行儉

之言다이리

永淳元年이라 禮部尙書裴行儉이薨ᄒᆞ다 行儉이人을知ᄒᆞ는鑑이有ᄒᆞ야쳐음으로

(餓殍)彙 音票餓死

吏部侍郞이되미前進士王勮와咸陽尉蘇眛道ㅣ다名을知ᄒ지못ᄒ되行儉이ᄒ번見ᄒ고謂曰二君은後에맛당이銓衡을掌ᄒᆯ지라僕이弱息이有ᄒ니願컨ᄃ써托ᄒ노라時에勮弟勃과다못華陰楊烱과范陽盧照鄰과義烏駱賓王이다文章으로姓名이有ᄒ니李敬玄이더욱重히역여ᄡᆞ되반다시顯達ᄒ리라ᄒ되行儉이曰士ㅣ遠을致ᄒᄂᆫ맛당이器識을先ᄒ고才藝를後ᄒᄂᆞ니勃等이비록文華ᄂᆫ有ᄒᄂ浮ᄒ고躁ᄒ고淺ᄒ고露ᄒ니엇지爵祿을享ᄒᆯ器랴楊子ᄂᆫ稍히沉ᄒ고靜ᄒ니응당令長에至ᄒᆯ것이오餘ᄂᆞᆫ令終홈을得ᄒ면幸이라ᄒ더니旣而오勃은海를渡ᄒ다가水에墮ᄒ고烱은盈川令으로終ᄒ고照鄰은惡疾이愈ᄒ지아니홈으로水에赴ᄒ야死ᄒ고賓王은反에誅ᄒ고勮와眛道ᄂᆞᆫ다典에選ᄒ야行儉의言과如ᄒ더라

上이既封泰山ᄒ고欲遍封五岳이ᄂᆞ니【五岳謂東岳泰山南岳衡山西岳華山北岳常山中岳嵩山也】監察御史裏【監察御史裏行李善感之官稱太宗朝始有此名周起布衣詔令於監察御史裏行後專以裏行名官至武后時又體殿中裏行】行李善感이諫ᄒ야曰數年已來로菽粟이不稔ᄒ야餓殍相望ᄒ고四夷交侵ᄒ야兵車ㅣ歲篤ᄒ니陛下宜恭默思道ᄒ야以禳灾譴이여乃更廣營宮室ᄒ야勞役不休ᄒ니天下ㅣ莫不失望이어ᄂᆞ니上이雖不納ᄒ나亦優容之라ᄒ러自褚遂良韓

瑷之死 中外以言으로 爲諱ᄒ야 無敢逆意直諫이 幾二十年이러니 及

上이이미泰山을封ᄒ고 두루五嶽을封ᄒ고 ᄯᅩ恣ᄒ야로望ᄒ고니 監察御史李善感이 諫ᄒ야
日數年來ᄒ야 山으로셔 薊과粟이 不稔ᄒ고 이兵革이 四夷가交侵ᄒ야
歲로駕ᄒ니 陛下ᄂ 맛당이 恭默ᄒ야 道ᄅᆯ思ᄒ야ᄡᅥ 災譴을禳ᄒ고 실거여늘 이에다시
宮室을廣營ᄒ야 勞役이不休ᄒ니 天下ᅵ失望치아니리업ᄂ니이다 上이바록 納ᄒ지
아니ᄒ니ᄯᅩ호 優容ᄒ더라 褚遂良과韓瑷이死ᄒ므로붓터中과外가言으로써諱ᄒ
야敢히意ᄅᆯ逆ᄒ야直諫ᄒ지못ᄒ가거위二十年이러니善感에及ᄒ야비로소諫
ᄒ니天下ᅵ喜ᄒ야鳳이朝陽에셔鳴ᄒ얏다謂ᄒ더라

善感이 始諫ᄒ니 天下ᅵ 皆喜ᄒ야 謂之鳳鳴朝陽이러라 詩卷阿篇鳳凰鳴矣于彼高岡梧桐生矣于彼朝陽

是歲에 突厥餘黨이 入寇幷州ᅟᅥ늘 薛仁貴ᅵ 將兵擊之ᄒ야 虜ᅵ 問

唐大將이 爲誰오 應之曰 薛仁貴라ᄒᆞᆫ대 虜ᅵ 曰吾聞仁貴ᅵ 流象州

死ᅵ 久矣어늘 何以給我오 仁貴ᅵ 免冑示之面ᄒᆞᆫ대 虜ᅵ 相顧失

色ᄒ야 下馬列拜ᄒ고 稍稍引去ᅟᅥ늘 仁貴ᅵ 因奮擊ᄒ야 大破之ᄒ다

是歲에 突厥餘黨이 幷州ᄅᆯ 入寇ᄒ거ᄂᆯ 薛仁貴ᅵ 兵을 將ᄒ고 써 擊ᄒ시 虜ᅵ 問ᄒ되 唐
大將이 誰가 되ᄂ뇨 應ᄒ야 日 薛仁貴로라 虜ᅵ 日 내 가 聞ᄒ니 仁貴가 象州에 流ᄒ야
死ᅵ 久ᄒ얏거늘 어이 ᄡᅥ 나를 소기ᄂ뇨 仁貴ᅵ 투구ᄅᆯ 免ᄒ야 面을 示ᄒᆫ대 虜ᅵ 서로 顧ᄒ야 失
色ᄒ야 말게 ᄂ려 벌려 절ᄒ고 稍稍히 引去ᄒ거ᄂᆯ 仁貴ᅵ 因ᄒ야 奮擊ᄒ야 大破ᄒ다

死호지가久호다호거엿지써我물給호눈고仁貴ㅣ胃물免호고面을示호니房ㅣ
셔로顧호며色을失호야馬에下호고졈々引去호거늘仁貴ㅣ因호야奮擊
호야크게破호다

(癸未) 弘道元年이라이十二月에上ㅣ疾甚라이夜召裴炎호야入受遺
詔而崩호고遺詔太子야即位호中宗이即位호야尊天后호야爲皇太
后고政事를咸取決焉호다

弘道元年이라十二月에上이疾甚이라夜에裴炎을召入호야遺詔를受케호고崩호
고太子에게遺詔호야即位호게호다中宗이位에即호야天后를尊호야皇太后를
合고政事를다取호야決케호다

中宗
　名顯高宗第七子即位之後皇太后
　武氏欲專政革命廢居房陵後復位
　在位二十七年　壽五十五

附則天順聖皇后
　名曌曆位二十
　一年壽八十一
久羈幽辱備嘗險阻一旦得志荒淫不悛親遭母后之亂而躬自蹈之所謂下愚不移者矣
乘唐中衰攘竊神器任用酷吏
屠害宗支毒流搢紳其禍慘矣

(甲申)嗣聖元年이라이二月睿宗文明元年
九月太后光宅元年
正月에立妃韋氏야爲皇后고擢

后父玄貞ᄋᆞᆯ爲豫州刺史ᄒᆞ다

嗣聖元年이라正月에妃韋氏를立ᄒᆞ야皇后를삼고后의父玄貞을擢ᄒᆞ야豫州刺史를삼다

中宗이欲以韋玄貞으로爲侍中ᄒᆞ니裴炎이固爭ᄒᆞᆫ대中宗이怒曰我以天下로與韋玄貞인들何不可而惜侍中耶아炎이懼ᄒᆞ야白太后ᄒᆞ고密謀廢立ᄒᆞ다二月戊午에太后ㅣ廢中宗ᄒᆞ야爲盧陵王ᄒᆞ야幽於別所ᄒᆞ고立豫王旦ᄒᆞ야爲皇帝ᄒᆞ고政事ᄂᆞᆫ決於太后ᄒᆞ고居睿宗於別殿ᄒᆞ야不得有所預ᄒᆞ다

睿宗即豫王旦也中宗之弟也

中宗이韋玄貞으로써侍中을삼고져ᄒᆞ니裴炎이굿게爭ᄒᆞᄃᆡ中宗이怒ᄒᆞ야曰ᄂᆡ가天下로써韋玄貞에게與ᄒᆞᆫ들므엇이可치아니ᄒᆞ야侍中을惜ᄒᆞ나냐炎이懼ᄒᆞ야太后에게白ᄒᆞ고密히廢立을謀ᄒᆞ다二月戊午에太后ㅣ中宗을廢ᄒᆞ야盧陵王을삼어別所에幽ᄒᆞ고豫王旦을立ᄒᆞ야皇帝를삼고政事ᄂᆞᆫ太后의게決ᄒᆞ고睿宗은別殿에居케ᄒᆞ야시러금預ᄒᆞᄂᆞᆫ바가有치못ᄒᆞ게ᄒᆞ다

九月甲寅에天下赦改元ᄒᆞ고旗幟를皆從金色ᄒᆞ다

譯密註釋通鑑諺解　卷之十二

九月甲寅에 天下를 赦ᄒᆞ고 元을 改ᄒᆞ고 旗幟를 다 金色을 從ᄒᆞ다

時에 諸武ㅣ 用事ᄒᆞ니 唐宗室이 人人自危ᄒᆞ고 衆心이 憤惋ᄒᆞ니이러 烏貫反會에

眉州刺史英公 李敬業과 及弟敬猷와 唐之奇와 駱賓王과 杜

求仁과 魏思溫이 各坐事遭貶라이이 皆會於揚州ᄒᆞ야 各自以失職으로

怨望ᄒᆞ고 乃謀作亂ᄒᆞ야 以匡復盧陵王으로 爲辭ᄒᆞ고 思溫으로 爲之謀主

ᄒᆞ고 於是에 驅四徒工匠數百ᄒᆞ야 接以甲ᄒᆞ고 遂起一州之兵ᄒᆞ야 復稱

嗣聖元年이라ᄒᆞ고 開三府ᄒᆞ니 旬日間에 得勝兵十餘萬이라 移檄州縣

ᄒᆞ니 略에 曰爲臨朝武氏者는 包藏禍心ᄒᆞ야 竊窺神器ᄒᆞᄂᆞᆫ 君之愛子

ᄅᆞᆯ 幽之於別宮ᄒᆞ고 賊之宗盟을 委之以重任ᄒᆞ더라 又曰一抔之土

ㅣ 未乾이여 六尺之孤ㅣ 何在오 又曰試觀今日之域中ᄒᆞ라 竟是

誰家之天下오 太后ㅣ 見檄ᄒᆞ고 問曰誰所爲오 或이 對曰駱賓

王이니이다 太后ㅣ 曰宰相之過也ㅣ니라 人有如此才ᄅᆞᆯ어늘 而使之流落不

偶乎아 不偶猶言 不遇也ㅣ라

時에 諸武ㅣ 事를 用ᄒᆞ니 唐宗室이 人人이 自危ᄒᆞ고 眾心이 憤惋ᄒᆞ더니 맛참眉州刺史英公과 李敬業과 밋弟敬猷와 唐之奇와 駱賓王과 杜求仁과 魏思溫이 각々事에 坐ᄒᆞ야 貶을遭혼지라 揚州에셔會ᄒᆞ야 各기스스로職을失홈을怨望ᄒᆞ고이에亂을 作ᄒᆞ기를謀ᄒᆞ야 廬陵王을匡復홈으로思溫으로삼고이에囚徒ᄒᆞ고工匠數百을驅ᄒᆞ야甲으로授ᄒᆞ고다시一州兵을起ᄒᆞ야다시嗣聖元年이라稱ᄒᆞ고三府를開ᄒᆞ야旬日間에勝兵數十萬을得ᄒᆞ지라橄을州縣에移ᄒᆞ니署에曰偽로朝에臨혼武氏者ᄂᆞᆫ禍心을包藏ᄒᆞ야神器를竊窺ᄒᆞ야君의愛子를別宮에幽ᄒᆞ고賊의宗盟을重任으로써委ᄒᆞ엿다ᄒᆞ고又曰一杯의土가乾치못ᄒᆞ얏거늘六尺의孤ㅣ어ᄃᆡ在혼고又曰試ᄒᆞ야今日域中을觀컨ᄃᆡ참닉誰家의天下오太后ㅣ一橄을見ᄒᆞ고問曰誰가ᄒᆞᆫ바이뇨或이對ᄒᆞ야曰駱賓王이니이다太后ㅣ曰宰相의過로다人이如此혼才가有ᄒᆞ거늘금流落ᄒᆞ게ᄒᆞ얏ᄂᆞᆫ고

甲申에遣大將軍李孝逸ᄒᆞ야 將兵二十萬을ᄒᆞ야 以討李敬業敗之

其將王那相이斬敬業敬猷及駱賓王首ᄒᆞ야來降ᄒᆞ다

甲申에大將軍李孝逸을遣ᄒᆞ야兵二十萬을將ᄒᆞ야써李敬業을討ᄒᆞ야敗ᄒᆞ니그將王那相이敬業과敬猷와밋駱賓王首를斬ᄒᆞ야來降ᄒᆞ다

（丙戌）三年이라 이太后垂拱三年이라 春正月에 帝在房州ᄒᆞ다

三年이라 春正月에 帝가房州에在ᄒᆞ다

三月에 太后ㅣ 命鑄銅爲甋야

朝堂四甋塗以方色靑曰延恩在東丹曰招諫在南白曰伸寃在西黑曰通玄在北 置之朝堂ᄒᆞ고 以受天下表疏ᄒᆞ다

三月에 太后ㅣ命ᄒᆞ야 銅을鑄ᄒᆞ야 甋를만ᄃᆞᆯ어 朝堂에置ᄒᆞ고 써天下의表疏를受ᄒᆞ다

太后ㅣ 自徐敬業之反으로 疑天下人이 多圖己ᄒᆞ고 又自以久專國事에 內行不正야 知宗室大臣이 怨望心不服ᄒᆞ고 欲大誅殺以威之야 乃盛開告密之門ᄒᆞ고 有告密者ㅣ 言或稱旨則不次除官ᄒᆞ고 無實者ᄂᆞᆫ 不問ᄒᆞ니 於是에 四方告密者ㅣ 蜂起야 人皆重足屛息이러라 有胡人索元禮ㅣ 索昔各反 知太后意고 因告密ᄒᆞᆫᄃᆡ 召見ᄒᆞ고 擢爲游擊將軍야 令按制獄ᄒᆞ니 元禮ㅣ 性이 殘忍야 推一人에 必令引數十百人ᄒᆞ니 於是에 周興來俊臣之徒ㅣ 效之야 紛紛繼起라 俊臣이 與萬國俊로 共撰羅織經數千言야 敎其徒고 網

羅無辜ᄒᆞ야ᄒᆞ고 織成反狀ᄒᆞ니 構造布置ᅵ 皆有支節이라 太后ᅵ得告密

者면 輒令元禮等으로 推之ᄒᆞᄂᆞᆫ 競爲訊四酷法ᄒᆞ야 作大枷되호 有定百

脉突地叫死猪愁求破家反是實等名號ᄒᆞ니ᄒᆞ 中外ᅵ 畏此數

人을 甚於虎狼이러라

太后ᅵ徐敬業이反ᄒᆞᆷᄋᆞ로붓터 天下ᄉᆞ룸이만이己를圖ᄒᆞᆯ가疑ᄒᆞ고 ᄯᅩ스스로써國
事를久專ᄒᆞ야 미안ᄋᆞ로不正ᄒᆞᆷᄋᆞᆯ行ᄒᆞ야 宗室大臣이怨望ᄒᆞᆫ心에服ᄒᆞ디안이ᄒᆞᆷᄋᆞᆯ
知ᄒᆞ고 크게誅殺ᄒᆞ야 威코져ᄒᆞ야 이에盛히告密의門을開ᄒᆞ고告密ᄒᆞᄂᆞᆫ者ᅵ或
旨를稱ᄒᆞᆷ이有ᄒᆞᆫ즉不次로官을除ᄒᆞ고 實이無ᄒᆞᆫ者ᄂᆞᆫ問ᄒᆞ디안이ᄒᆞ니 이에四方의
告密ᄒᆞᄂᆞᆫ者ᅵ 蜂갓치起ᄒᆞ야ᄉᆞ룸이다足을重ᄒᆞ고息을屛ᄒᆞ더라 胡人索元禮가有
ᄒᆞ야太后의意를知ᄒᆞ고因ᄒᆞ야 密ᄒᆞᆷ을告ᄒᆞ거ᄂᆞᆯ召ᄒᆞ야見ᄒᆞ고 擢ᄒᆞ야遊擊將軍을
合어ᄒᆞ야今ᄒᆞ야 太后獄을按制ᄒᆞ게ᄒᆞ니 元禮ᅵ性이殘忍ᄒᆞ야一人을推ᄒᆞ야ᄆᆡ반다시ᄒᆞ야今
數十百人을引ᄒᆞᆯᄉᆡ 於是에周興과來俊臣의徒ᅵ效ᄒᆞ야紛紛히繼起ᄒᆞ더라俊臣이
萬國俊ᄋᆞ로더부러共히羅織經數千言을撰ᄒᆞ야其徒를敎ᄒᆞ고無辜ᄒᆞ니를綱羅ᄒᆞ
야反狀을織成ᄒᆞ니 構造布置ᅵ有支節이라ᄒᆞ더라 太后ᅵ告密ᄒᆞᄂᆞᆫ者를得ᄒᆞ면믄득元
禮等ᄋᆞ로ᄒᆞ야금推ᄒᆞ니 競히四를訊ᄒᆞᄂᆞᆫ酷法을ᄒᆞ야 大枷를作ᄒᆞ디定百脉과突地

詳密註釋通鑑諺解　卷之十二

吼과 死猪愁와 求破家와 反是實의 等名號가 有호니 中과 外가 此數人을 畏호믈 虎와
狼보다 甚히 호더라

(戊子)五年이라 [太后亟拱四年] 春正月에 帝在房州호다
五年이라 春正月에 帝가 房州에 在호다

太后ㅣ潛謀革命호야호고 稍除宗室호고 悉誅韓魯等諸王호다
太后ㅣ潛히 革命을 謀호야 점점 宗室을 除호고 다 韓魯等諸王을 誅호다

庚寅 七年이라 [周武氏天授元年] 春正月에 帝在房州호다
七年이라 春正月에 帝가 房州에 在호다

十一月에 太后ㅣ享萬象神宮호야 赦天下호고 始用周正호야 改永
昌元年十一月이야호야 爲載初元年正月호다
十一月에 太后ㅣ萬象神宮에 享호야 天下를 赦호고 비로소 周의 正을 用호야 永昌元
年十一月을 改호야 載初元年正月이라호다

時에 侯思正王義弘이 新進호야 入獄者를 非死不出호니 朝廷이
人自危호야 相見에 莫敢交言호고 道路ㅣ以目호야 或因入朝호야 密遭

二四

掩捕ᄒᆞᄂᆞᆫ 每朝에 輒與家人으로 訣曰未知復相見否아ᄒᆞ더라 時에 法官

이 競爲深酷ᄒᆞ딕 惟司刑丞徐有功과 杜景儉이 獨存平恕ᄒᆞᄂᆞᆫ 被

告者ᄂᆞᆫ 皆曰遇來候ᄒᆞ면 必死요 遇徐杜ᄒᆞ면 必生이라ᄒᆞ더라 有功이 初

爲蒲州司法ᄒᆞ야 以寬爲治ᄒᆞ고 不施敲扑ᄒᆞ니 吏ㅣ 相約ᄒᆞ되 有犯徐司

法杖者ᄂᆞᆫ 衆共斥之ᄒᆞ라ᄒᆞ리 迫官滿ᄒᆞ되 不杖一人이오 職事亦修ᄒᆞ고 累

遷司刑丞ᄒᆞ야 酷吏의 所誣構者ㅣ 有功이 皆爲直之ᄒᆞ니 前後所

活이 數十百家ㅣ라 司刑丞李曰知ㅣ 亦尚平恕ᄒᆞ러 少卿胡元禮

欲殺一囚ᄒᆞ여ᄂᆞᆯ 曰知ㅣ 以爲不可ᄒᆞ야 往復數四ᄒᆞᄃᆡ 元禮ㅣ 怒曰元

禮ㅣ 不離刑曹ᄒᆞ면 此囚ㅣ 終無生理라ᄒᆞ고 曰知ㅣ曰知ㅣ 不離刑

曹ㅣ면 此囚ㅣ 終無死法이리라ᄒᆞ야 竟以兩狀으로 列上ᄒᆞᄂᆡ 曰知ㅣ 果直ᄒᆞ더라

時에 侯思正과 王義弘이셔로 進ᄒᆞ야 獄에 入ᄒᆞᄂᆞᆫ者를 死ᄒᆞ지아니ᄒᆞ면 出ᄒᆞ지못ᄒᆞ

게ᄒᆞ니 朝廷이 人人이 스스로 危ᄒᆞ야셔로 見ᄒᆞ미 敢히 交言ᄒᆞ지못ᄒᆞ고 道路ㅣ 目

으로써ᄒᆞᄂᆞᆫ지라 或因ᄒᆞ야 朝에 入ᄒᆞ야 掩捕ᄒᆞ믈 密遭ᄒᆞ니 每朝에 문득 家人으로더

부러訣ᄒᆞ야日아지못게라다시셔로見ᄒᆞ가ᄒᆞᆯ못ᄒᆞ다라ᄊᆡ에法官이닷투어深酷
ᄒᆞ디오즉司刑丞徐有功과杜景儉이홀로平恕ᄅᆞᆯ存ᄒᆞ야告ᄅᆞᆯ被ᄒᆞ者ㅣ다日來와侯
ᄅᆞᆯ遇ᄒᆞ면반ᄃᆞ시死ᄒᆞᆯ것시요徐와杜ᄅᆞᆯ遇ᄒᆞ면반ᄃᆞ시生ᄒᆞᆫ다ᄒᆞ더라有功이初에蒲
州司法이되야寬으로ᄡᅥ治ᄅᆞᆯᄒᆞ고敲扑을施ᄒᆞ지아니ᄒᆞ니吏가셔셔約ᄒᆞ되徐司法
의杖ᄅᆞᆯ有ᄒᆞ면衆이共히斥ᄒᆞ리라官이滿홈에迫ᄒᆞ도록一人도杖ᄒᆞ지아니
ᄒᆞ디職事ᄅᆞᆯ坐ᄒᆞ고여러번司刑丞에遷ᄒᆞ야誣構ᄒᆞᆫ밧者ᄅᆞᆯ有功이다直
ᄒᆞ게ᄒᆞ니前後의活ᄒᆞᆫ바가數十百家라司刑丞李日知ㅣ坯平恕홈을尙ᄒᆞ더라少
卿胡元禮ㅣ一囚ᄅᆞᆯ殺ᄒᆞ고ᄌᆞ홀거늘數四ᄅᆞᆯ往復ᄒᆞ딕元禮ㅣ
怒ᄒᆞ야曰元禮ㅣ刑曹ᄅᆞᆯ離ᄒᆞ지아니ᄒᆞ면此囚논마ᄎᆞ니生홀理가無라ᄒᆞ고日知ㅣ
曰日知ㅣ刑曹ᄅᆞᆯ離ᄒᆞ지아니ᄒᆞ면此囚논마ᄎᆞ니死ᄒᆞᆯ法이無라ᄒᆞ야마ᄎᆞ니兩狀으
로ᄡᅥ列上ᄒᆞ니日知ㅣᄑᆞ연直ᄒᆞ더라

九月에侍御史傳遊藝ㅣ帥關中百姓ᄒᆞ고詣關上表ᄒᆞ야請改國
號曰周ㅣ라ᄒᆞ고賜皇帝姓武氏ᄒᆞ야ᄂᆞᆯ太后ㅣ可之ᄒᆞ고乃御則天樓ᄒᆞ야赦
天下ᄒᆞ고以唐으로爲周ᄒᆞ고改元ᄒᆞ고上尊號曰聖神皇帝ᄒᆞ고以豫王
旦으로爲皇嗣ᄒᆞ야賜姓武氏ᄒᆞ고立武氏七廟于神都ᄒᆞ고以傳遊藝

爲左玉鈴衛大將軍이니ᄒ고 遊藝ㅣ期年之中에 歷衣靑綠朱紫이

時人이謂之四時仕宦이라ᄒ더라

九月에侍御使傳遊藝ㅣ關中百姓을率ᄒ고闕에詣ᄒ야表를上ᄒ야國號를改ᄒ야

日周라ᄒ고皇帝姓은武氏를賜ᄒ라請ᄒ거늘太后ㅣ可라ᄒ고이에則天樓에御ᄒ야

야天下를赦ᄒ고唐으로써周라ᄒ고元을改ᄒ고尊號를上ᄒ야曰聖神皇帝라ᄒ고

豫王旦로皇嗣를合아姓을武氏를賜ᄒ고武氏七廟를神都에立ᄒ고傳遊藝로써左

玉鈴衛大將軍을合으니遊藝ㅣ期年中에衣ㅣ靑綠朱紫를歷ᄒ지라ᄉ롬이謂ᄒ

디四時仕宦이라ᄒ더라

(辛卯) 八年이니周武氏天授二年라 春正月에常在房州ᄒ다

八年이라春正月에帝가房州에在ᄒ다

或이告文昌右丞周興이與丘神勣으로通謀ᄒ야늘 太后ㅣ命來俊

臣아鞫之ᄒ대俊臣이與興方推事서對食ᄒ가이라 謂興曰囚多不承

當爲何法고ᄒ며與曰此눈甚易爾라取大甕야以炭으로四周炙之

고令囚도入中ᄒ면何事不承이리오俊臣이乃索大甕ᄒ야火圍如興法

起고謂興曰有內狀推兄니호請兄은入此甕호더라與이惶恐호야叩頭

服罪호고法當死호니라 太后ㅣ原之호고二月에流興嶺南이러니 左道애爲

仇家所殺호다니라與이與索元禮來俊臣도로競爲暴刻니호元禮所殺이

各數千人이요俊臣所破ㅣ千餘家대로元禮는殘酷이尤甚니호太后ㅣ

亦殺之야호以慰人望호다

或이告호되文昌右丞周興이丘神勣으로더부러謀를通호얏다호거늘太后ㅣ來俊

臣을命호야鞫케호디俊臣이興으로더부러바야로事를推호식食을對호야興더러

謂曰四ㅣ多호야承호수가업스니맛당이何法을쓸고興이曰此ㅣ甚이易호지라大

甕을取호야炭으로써四周호야灸호고囚로호야곰中에入케호면何事를承호지

못호리오俊臣이이에大甕을索호야火로圍호야與의法과갓치호고起호야與다려

謂호야曰內狀이有호야兄을推호니請컨디兄은此甕에入호라호니興이惶恐호야

叩頭服罪호고法에當히死라호다 太后ㅣ原호고二月에興을嶺南에流호엿더니道

에셔仇家의殺호바가되다與이索元禮와來俊臣으로더부러各기數千人

이오俊臣의破호바가千餘家로디元禮는殘酷호이尤甚호니 太后ㅣ또호殺호야써

人望을慰호더라

（壬辰）九年 ᅵ라 周武氏長壽元年

九年이라 春正月에 帝가 房州에 在ᄒᆞ다

太后ᅵ 引見存撫所擧人ᄒᆞ야 無問賢愚ᄒᆞ고 悉加擢用ᄒᆞᆫ 서ᄒᆞ 高者ᄂᆞᆫ

試鳳閣舍人給事中ᄒᆞ고 次ᄂᆞᆫ 試員外郞侍御史ᄒᆞ야 補闕拾遺ᄒᆞ나 拾

校書郞試官이 白此始라 時人이 爲之語曰補闕은 連車載오 拾
補闕은 權傳追反齊魯謂四齒把爲權

遺ᄂᆞᆫ 平斗量이오 欋推ᄂᆞᆫ 侍御史오 盌脫은 校書郞이라
欋俱孤反眯莫禮反釋義物入目中也莊子簌簌眯目
也脫者盌小孟也釋義盌進作椀盌之形模

聖神皇이라ᄒᆞ 有學人에 沈全交ᅵ 續之曰 欋心은 存撫使오 眯目

太后ᅵ 存撫使의 擧ᄒᆞᆫ바 人을 引見ᄒᆞᆫ미 賢ᄒᆞ고 愚ᄒᆞᆷ을 問ᄒᆞ지 아니ᄒᆞ고 다 加ᄒᆞ야 擢

用ᄒᆞ시 高者ᄂᆞᆫ 鳳閣舍人과 給事中을 試ᄒᆞ고 次ᄂᆞᆫ 員外郞侍御史를 試ᄒᆞ야 闕을 補ᄒᆞ

고 遺를 拾ᄒᆞ니 校書郞의 官을 試ᄒᆞᆷ이 此로 붓터 始ᄒᆞ지라 ᄭᅵ스름이 語ᄒᆞ야 曰 闕ᄒᆞᆷ을

補ᄒᆞᆷ은 車載에 連ᄒᆞ고 遺ᄒᆞᆷ을 拾ᄒᆞᆷ은 斗量을 平히 ᄒᆞ고 權推ᄂᆞᆫ 侍御使오 盌脫은 校書

郞이라ᄒᆞ더라 擧人에 沈全交ᅵ 有ᄒᆞ야 續ᄒᆞ야 曰 欋心은 存撫使오 眯目은 聖神皇이

라ᄒᆞ더라

太后ㅣ自垂拱以來로任用酷吏ㅎ야 先誅唐宗室貴戚數百人

고 次及大臣數百家에 其刺史郎將以下ᄂᆞᆫ 不可勝數ㅣ라 每除

一官에 戶婢ㅣ竊相謂曰鬼朴이又來矣다로 朴四角反釋義鬼朴言 其身必見誅死謂鬼也

輒遭掩捕族誅ㅎ더라 監察御史嚴善思ㅣ公直敢言ㅎ니時에 告密

者ㅣ不可勝數ㅣ라釋義告密者以天下秘密 事上告也如今告計之類 太后ㅣ亦厭其煩ㅎ야命善思야按

問ㅎ디引虛伏罪者ㅣ八百五十餘人이라羅織之黨이 爲之不振이러라

太后ㅣ垂拱以來으로酷吏를任用ㅎ야 먼저 唐宗室貴戚數百人을誅ㅎ고次

로大臣數百家에 及ㅎ고그 刺史郎將以下ᄂᆞᆫ 可히 勝ㅎ야 數ㅎ수가업더라 每양一官

을除ㅎ면 戶婢가竊히셔로謂ㅎ야曰鬼朴이또來ㅎ엿도다 旬月이못되야문득掩捕

를遭ㅎ야族을誅ㅎ더라 監察御史嚴善思ㅣ公直敢言ㅎ니때에 密을告ㅎ者ㅣ可히

勝ㅎ수가업ᄂᆞᆫ지라 太后ㅣ또ㅎ그煩ㅎ을厭ㅎ야善思를命ㅎ야 按問ㅎ디引虛伏

罪ㅎ者ㅣ八百五十餘人이라 羅織의黨이爲ㅎ야振ㅎ지못ㅎ더라

(癸巳)十年이라周武氏長壽二年 春正月에帝在房州ᄒᆞ다

十年이라 春正月에 帝가房州에 在ㅎ다

以妻師德로同平章事ᄒ니師德이 寬厚淸愼ᄒ야犯而不校ᄒ러라其弟

一除代州刺史어ᄂᆞᆯ將行에師德이謂曰吾ㅣ備位宰相이오汝ㅣ復

爲州牧ᄒ니榮寵이過盛이라 人所嫉也ㅣ니 將何自免고弟ㅣ長跪曰

一今에雖有人唾某面이어ᄃᆞ某ㅣ拭之而已오 庶不爲兄憂ㅣ러다師

德이愀然[釋義愀七小反容色變也]曰此所以爲吾憂也ㅣ라도人唾汝面은怒汝也ㅣ니

汝ㅣ拭之면乃逆其意니所以重其怒라夫唾는不拭自乾ᄒ니이當

笑而受之라니

妻思德으로平章事를同케ᄒ니師德이寬厚淸愼ᄒ야犯호ᄃᆡ校치안터라其弟一代
州刺史를除ᄒ야장ᄎᆞᆺ行홈에師德이謂曰吾ㅣ宰相에備位ᄒ엿거ᄂᆞᆯ汝가다시州牧
이되니榮寵이過이盛ᄒ지라人이嫉홈이니쟝ᄎᆞᆺ엇지써自免홀고弟ㅣ長跪曰今
에비록人이有ᄒ야某面에唾ᄒ나某ㅣ拭홀ᄯᆞ름이오庶히兄의憂되지안케ᄒ리
이다師德이愀然ᄒ야曰此ㅣ써吾ㅣ爲ᄒ야난바로人이汝를
怒홈이니汝ㅣ拭ᄒ면其怒를逆홈이니써其怒를重ᄒ게ᄒ는바라唾ᄂᆞᆫ拭ᄒ지아니
ᄒ야도스스乾홀지니맛당이笑ᄒ고受ᄒ라

有告皇嗣ㅣ 潛有異謀者ᄅ늘 太后ㅣ 命來臣 鞫其左右ᄒᆞ니 太常工人安金藏이 大呼謂俊臣曰公이 旣不信金藏之言인댄 請剖心ᄒᆞ야 以明皇嗣不反ᄒᆞ리라 ᄒᆞ고 即引佩刀ᄒᆞ야 自剖其胸ᄒᆞ니 五臟이 皆出ᄒᆞ야 流血被地ᄒᆞ리라 太后ㅣ 聞之ᄒᆞ고 即命俊臣ᄒᆞ야 停推ᄒᆞ니 睿宗이 由是得免ᄒᆞ다

皇嗣ㅣ 異謀가 潛有ᄒᆞ엿다 告ᄒᆞᄂᆞᆫ 者ㅣ 有ᄒᆞ거ᄂᆞᆯ 太后ㅣ 來俊臣을 命ᄒᆞ야 그左右를 鞫ᄒᆞ니 太常工人安金藏이 大呼ᄒᆞ고 俊臣ᄃᆞ러 謂曰公이이미 金藏의 言을 信ᄒᆞ지 안을진ᄃᆡ 청컨ᄃᆡ 心을 剖ᄒᆞ야ᄡᅥ 皇嗣ㅣ 反ᄒᆞ지아니 홈을 明ᄒᆞ리라ᄒᆞ고 곳佩刀ᄅᆞᆯ 引ᄒᆞ야스스로그 胷을 剖ᄒᆞ니 五臟이다出ᄒᆞ야 血이 流ᄒᆞ야地에 被ᄒᆞᄂᆞ지라 太后ㅣ 聞ᄒᆞ고곳俊臣을 命ᄒᆞ야 推를 停ᄒᆞ니 睿宗이이로由ᄒᆞ야 免홈을 得ᄒᆞ다

(甲午)十一年이라 周武氏延載元年 春正月에 帝在房州ᄒᆞ다

十一年이라이 帝가房州에在ᄒᆞ다 春正月에 帝가房州에在ᄒᆞ다

九月에 太后ㅣ 出梨花一枝ᄒᆞ야ᄡᅥ 示宰相ᄒᆞ니 宰相이 以爲瑞ᄒᆞᆫ댄 杜景儉이 獨曰今草木이 黃落而此更發榮ᄒᆞ니 陰陽이 不時라ᄒᆞᆯ 咎在

赤族之誅
見誅殺者

臣等ㅎ고因拜謝ㅎ는太后ㅣ曰卿은眞宰相也ㅣ로다

九月에太后ㅣ黎花一枝를出ㅎ야써宰相을示ㅎ니宰相이써ㅎ되瑞라ㅎ딘杜景儉

이獨曰今에草木이黃落ㅎ엿거늘此가更히榮을發ㅎ니陰陽이不時라쏨가臣等에

在ㅎ다ㅎ고因ㅎ야拜謝ㅎ거늘太后ㅣ曰卿은眞宰相이로다

(丙申)十三年이라[周武氏萬歲通天元年]春正月에帝가房州에在ㅎ다

十三年이라春正月에帝가房州에在ㅎ다

聞者ㅣ無不相賀러라

太后ㅣ思徐有功이用法平ㅎ야擢拜左臺殿中侍御史ㅣ니遠近

太后ㅣ徐有功이法을用홈이平홈을思ㅎ야左臺殿中侍御史를擢拜ㅎ니遠近에셔

聞ㅎ는者ㅣ셔로賀ㅎ지안눈者ㅣ無ㅎ더라

(丁酉)十四年이라[周武氏神功元年]春正月에帝在房州ㅎ다

十四年이라春正月에帝가房州에在ㅎ다

來俊臣을棄市ㅎ니仇家ㅣ爭ㅎ야其肉을噉ㅎ며杜斯湏而盡ㅎ니라太后ㅣ知

天下ㅣ惡之ㅎ고乃下制ㅎ야數其罪惡ㅎ고且曰宜加赤族之誅야以

必流血故
云赤族

(雪蒼生之憤호리라)士民이皆相賀於路曰自今으로眠者ㅣ背始帖

席矣라호니라 釋義帖託慊反安也

來俊臣을市에棄호니仇家ㅣ其肉을爭噉호야斯須에盡호는지라太后ㅣ天下ㅣ惡
宮을知호고이에制를下호야其罪를數호고또曰맛당이赤族의誅를加호야써蒼生
의憤을雪호라호니士와民이다서로路에셔賀호야曰今으로自호야背를비로소席
의帖호겟다호더라

(戊戌)十五年이라 周武氏聖曆元年

十五年이라春正月에帝가東部에還호다

春三月에帝還東都호다

武承嗣三思ㅣ營求爲太子ㅣ더니太后ㅣ意未決이어늘狄仁傑이每

從容言於太后曰文皇帝ㅣ櫛風沐雨호시고 櫛倒瑟反 親冒鋒鏑호시니 鏑丁歷反 鏃

以定天下호야傳之子孫호시니大帝ㅣ以二子로托陛下여시늘今乃

欲移之他族호시니無乃非天意乎잇가且姑姪之與母子ㅣ孰親이니

고陛下ㅣ立子則千秋萬歲後에配食太廟호야承繼ㅣ無窮호요立

姪則未聞姪爲天子而祔姑於廟者也ㅣ라 니이 釋義祔符遇配謂合食於廟也 又勸太后

야호召還廬陵王혼니 太后ㅣ 意稍寤하야 由是로 遣徐彦伯하야 召廬陵

王詣行在픠호九月에 立廬陵王하야 爲皇太子다

武承嗣三思ㅣ 太子되기를 營求하니 太后ㅣ 意를 決하지못하거늘 狄仁傑이 민양從

容이太后에게 言하야曰文皇帝ㅣ 風에 櫛하시고 雨에 沐하시고 鋒鏑을 親冒하샤써

天下를定하야子孫의게傳하시니 大帝ㅣ 二子로써陛下의게托하시거늘이에他族

에게移하고고조하시니이에 天意가 안임이안닌잇가 또혼姑姪과 母子가 熟親혼

니잇고陛下ㅣ子를立하면신죽千秋萬歲後에太廟에配食하야繼를承하야窮宮이無

흐거시오姪을立한즉姪이天子되야廟에祔姑혼者를聞하지못하얏느이다또太后

들勸하야廬陵王을召還하게하니太后ㅣ意ㅣ점점寤하야由是로徐彦伯을遣하야

廬陵王을召하야行在에詣하고九月에廬陵王을立하야皇太子를合다

以天官侍郎蘇味道로爲鳳閣侍郎同平章事하다味道ㅣ前後

在相位數歲에依阿收容하야常謂人曰處事를不欲明白오이但

摸稜持兩端이可矣니라하야摸末各反稜盧登反摸稜摸搋柟稜也四方木摸之可左可右歛載曰味道爲相或問其變和之道無答但以手摸床稜 時人

이謂之蘇摸稜이러

天官侍郎蘇味道로써鳳閣侍郎同平章事를合다味道ㅣ前後로相位에在ᄒᆞᆫ지數歲에阿를依ᄒᆞ고容을取ᄒᆞ야嘗히人더러謂ᄒᆞ야曰事를處ᄒᆞᆷ을明白을欲지안코但摸

稜으로兩端을持ᄒᆞᆷ이可라ᄒᆞ니時人이蘇摸稜이라謂ᄒᆞ더라

(己亥)十六年이라 周武氏聖曆二年 春正月에帝가東宮에在ᄒᆞ다

十六年이라春正月에帝在東宮ᄒᆞ다

妻師德이蘉ᄒᆞ다師德의性이沈厚寬恕라 狄仁傑之入相也에師

德이實薦之而仁傑이不知意ᄒᆞ고頗輕師德ᄒᆞ야數擠之於外ᄒᆞᆫ대 釋義 數色

太后ㅣ覺之ᄒᆞ고嘗問仁傑曰師德이知人乎아對曰臣이 角反擠隍 西反排也

嘗同僚호대未聞其知人也ㅣ라太后ㅣ曰朕之知卿이乃師德所

薦也ㅣ니亦可誰知人矣라ᄒᆞᆫ대仁傑이旣出에歎曰婁公盛德을我ㅣ

爲其所包容이久矣라吾ㅣ不得窺其際也ㅣ라ᄒᆞ더라是時에羅織이紛

紜ᄒᆞ대師德이久爲將相ᄒᆞ야獨能以功名으로終ᄒᆞ니人이以是로重之라

梁文惠公
中宗即位
封梁國公
諡文惠

婁師德이薨ᄒ다師德의性이沈厚ᄒ고寬恕ᄒ지라狄仁傑이相에入ᄒᄆᆡ師德이實
로薦ᄒ엿스되仁傑이其意를知ᄒ지못ᄒ고자못師德을輕이여겨자조外에셔擠ᄒ
거ᄂᆞᆯ太后ᅵ覺ᄒ고仁傑ᄃᆞ려嘗問ᄒ야曰師德이人을知ᄒᄂ냐가對ᄒ야曰臣이일즉
僚를同ᄒ야人을知ᄒᆞᆷ은聞ᄒ지못ᄒ얏ᄂ니이다太后ᅵ曰朕이卿을知ᄒᆞᆷ은이에師德
의薦호바ᅵ니ᄯᅩ可히人을知ᄒᆞᆷ이라謂ᄒ지로다仁傑이已出ᄒ야歡ᄒ야曰婁公의
盛德을닙ᄀᆞ包容ᄒᆞᆫ바ᅵ久ᄒ지라ᄯᅩᆷᅵ시러금其際를親ᄒ지못ᄒ겟다ᄒ더라이씨
에羅織이紛紜ᄒ되師德이오릭將相이되야홀로能히功名으로ᄡᅥ終ᄒ니人이是로
ᄡᅥ重히여이더라

(庚子)十七年이라 周武氏久視元年 春正月에帝가東宮에在ᄒ다
十七年이라春正月에帝가東宮에在ᄒ다

太后ᅵ信重梁文惠公狄仁傑ᄒ니群臣이莫能及ᄒ야常謂之國
老而不名이러니仁傑이好面으로引廷爭ᄒ니 釋義好呼報反爭側逆反爭謂當朝廷而諫爭
意從之ᄒᄃᆞ려太后ᅵ嘗問仁傑ᄒ되朕이欲得一佳士ᄒ야用之ᄒ니誰可
者오仁傑이曰未審陛下ᅵ欲何所用之ᄒᆞ고太后ᅵ曰欲用爲將

相이로 仁傑이 對曰文學醞藉則蘇味道李嶠ㅣ固其選矣오必

欲取卓犖奇材ᄒ면則有荊州長史張柬之ㅣ雖老

宰相材也ㅣ니이다 太后ㅣ擢柬之ᄒ야爲洛州司馬ᄒ고數日에又問仁

傑ᄒᆫ대 對曰前薦柬之ᄒ니尙未用也ㅣ니잇고 太后ㅣ曰已遷矣라로對曰臣

所薦者ᄂᆫ宰相이오非司馬也ㅣ니이다 乃遷秋官侍郎이라久之요卒用

爲相ᄒ니라 仁傑이 又嘗薦夏官侍郎姚元崇 監察御史桓彥

範과 太州刺史敬暉等數十人ᄒ야 率爲名臣이러니 或謂仁傑曰

天下桃李ㅣ悉在公門矣ᄯ호ㅣ仁傑이曰薦賢爲國이오非爲私也ㅣ라

太后ㅣ梁文惠公狄仁傑을信重이여이니群臣이能히及ᄒ리업서常히國老ㅣ라謂ᄒ

고名을지안터라仁傑이好面으로引ᄒ야廷爭ᄒ니太后ㅣ미양意를屈ᄒ야從ᄒ더

라太后ㅣ仁傑더러嘗問호ㅣ朕이一佳士를得코야用코져ᄒ노니誰가可者인

고仁傑이曰審치못게라陛下ㅣ何所에用ᄒ고져ᄒ시느닛고太后ㅣ曰將相을

숨고仁傑이曰노라仁傑이對ᄒ야曰文學이醞藉宮인즉蘇味道와李嶠ㅣ진실로其選이

요반다시卓犖奇材를取ᄒ고즉ᄒ즉荊州長史張柬之라其人이이비록老ᄒ얏스니

宰相의材니이다太后ㅣ東之를擢ᄒ야洛州司馬를삼고數日에ᄯ仁傑더러問ᄒᆞᆫᄃᆡ

對ᄒ야曰臣이前에東之를薦ᄒ얏더니오히려用자못ᄒ시니잇고太后ㅣ曰이미

遷ᄒ얏노라對ᄒ야曰臣이薦ᄒᆫ바者ᄂᆞᆫ宰相이요司馬ᄂᆞᆫ아니니이다이에秋官侍郎

에遷ᄒ얏다가久에맛ᄎᆞᆷ用ᄒ야宰相을삼더라仁傑이ᄯᅩ일즉夏官侍郎姚元崇과

監察御史桓彥範과太州刺史敬暉等數十人을薦ᄒ야도모지名臣이되니仁

傑더러謂ᄒᄃᆡ天下桃李ᄂᆞᆫ다公의門에在ᄒ다다仁傑이曰賢을薦ᄒ야國을爲홈이

오私를爲홈이아니노라

(辛丑)十八年이라 周武氏長安元年 春正月에帝가東宮에在ᄒ다

十八年이라春正月에帝가東宮에在ᄒ다

武邑人蘇安恒이上疏曰陛下ㅣ欽先聖之顧託ᄒ샤受嗣子之

推讓ᄒ야敬天順人이二十年矣라今太子ㅣ孝敬是崇ᄒ고春秋ㅣ

旣壯ᄒ니若使統臨宸極이시면何異陛下之身잇이리陛下ᄂᆞᆫ何不禪

位東宮ᄒ고셔自怡聖體잇시고書奏에太后ㅣ慰諭而遣之ᄒ다

武邑人蘇安恒이號를上ᄒ야曰陛下ㅣ先聖의顧托을欽ᄒ샤嗣子의推讓을受ᄒ야

天을敬ᄒ시고人을順ᄒ심이二十年이라이제太子ㅣ孝敬이是崇ᄒ고春秋ㅣ이미

(壬寅十九年)이라【周武氏長安二年】春正月에帝在東宮ᄒ다
十九年이라春正月에帝가東宮의在ᄒ다

五月에蘇安恒이復上疏曰臣은聞天下者ᄂᆞᆫ神堯文武之天
下也ᅵ니陛下ᅵ雖居正統이샤實因唐氏舊基니當今太子ᅵ追廻
年德이俱盛이여陛下貪其寶位而忘母子深恩ᄒ시니將何聖顔
으로以見唐家宗廟ᄒ며시將何誥命으로以謁大帝壇陵ᄒ릿고陛下ᅵ何
故로日夜積憂하不知鍾鳴漏盡ᄒ닛고臣愚ᄂᆞᆫ以爲天意人事ᅵ
還歸李家ᄂᆞ陛下ᅵ雖安天位나殊不知物極則反ᄒ고器滿則
傾ᄒ니臣이何惜一朝之命而不安萬乘之國哉잇가大后ᅵ亦不
之罪라

壯ᄒ니만일ᄒᆞ야금宸極을統臨케ᄒ시면陛下의身으로何가異ᄒ리잇고陛下ᄂᆞᆫ엇
지ᄒ야位를東宮에禪ᄒ시고聖體를自怡ᄒ시지아니ᄒᄂᆞᆫ잇고書를奏ᄒᄆᆡ太后ᅵ
慰諭ᄒ고遣ᄒ다

小人在側 言張易之 兄弟

五月에 蘇安恒이 다시 跣를 上호야 曰臣은 聞호니 天下者는 神堯文武의 天下ㅣ니 陛下ㅣ비록 正統에 居호시느 實은 唐氏의 舊基를 因호심이니 今에 太子ㅣ追迴호야 年德이한가지盛호거늘 陛下ㅣ그 寶位를 貪호시고 母子의 深훈 恩을 忘호시니 쟝챳엇지聖顏으로써 唐家宗廟에 見호시며 쟝챳무슨 誥命으로 大帝의 墳陵에 謁호시리잇고 陛下ㅣ何故로日夜에 憂를 積호시며鍾鳴漏盡홈을 知치못호시니고臣은 愚이極호디天意와人事ㅣ李家에 還歸호엿스니 陛下ㅣ비록 天位를 安호시쟈못物이極호즉反호고器가 滿호즉 傾호옴을 知지못호시니臣이엇지 一朝의命을惜호야萬乘의國을安호게아니호리잇가 太后ㅣ또훈 罪호지안터라

(癸卯)二十年이라 周武氏長安三年 春正月에帝在東宮호다

二十年이라春正月에帝가東宮에在호다

九月에 魏元忠이 爲相호야 嘗面奏호디 臣은 自先帝以來로 蒙被恩渥이러니 今承乏宰相에 不能盡忠死節호야 使小人으로 在側호니臣之罪也ㅣ니다 太后ㅣ不悅호니由是로諸張이 深怨之러니 會에 太后ㅣ不豫호 張昌宗이 恐太后ㅣ一日에 晏駕면 爲元忠의 所誅ㅣㄹ가호야 乃譖호디 元

（太子）相
王謂中宗
也

忠어與高戩으로私議云太后ㅣ老矣라不若挾天子호야爲久長이라호대密

引鳳閣舍人張說호야賂以美官호고使證元忠이니許之라러明日

太后ㅣ怒호야下元忠獄고將使與昌宗으로廷辨之호디昌宗이密

太后ㅣ召太子相王及諸宰相호야使元忠與昌宗으로參對호야往

復不決이여昌宗이聞元忠言호니請召問之호셔太后ㅣ

召說호덕說어將入에宋璟이謂說曰名義ㅣ至重호야鬼神도難欺라

不可黨邪陷正호야以求苟免이니若獲罪流竄이라도其榮이多矣오

若事有不測이면璟이當叩閣力爭호야與子로同死努力호야爲之萬

代瞻仰이이在此舉也ㅣ라左史劉知幾曰無汗青史호야爲子孫累

及入에太后ㅣ問之호대說이未對어늘昌宗이從傍迫趣說호야使速

言이라說이曰陛下ㅣ視之호쇼셔在陛下前에猶逼臣이如是온況在

外乎잇가臣은實不聞元忠의有是言이오但昌宗이逼臣야使誣證之

爾다니 太后ㅣ曰張說은反覆小人이라宜幷繫治之라ᄒᆞ고他日에更引

問ᄒᆞ니說이對如前이어늘遂貶元忠ᄒᆞ야爲高要尉ᄒᆞ고戲說은皆流嶺表ᄒᆞ다

九月에魏元忠이相이되야嘗히面奏호ᄃᆡ臣이先帝로붓허써來홈을蒙被

ᄒᆞ엿더니이제宰相이承乏ᄒᆞ야民能히忠을盡ᄒᆞ야節에死ᄒᆞ지못ᄒᆞ야小人으로ᄒᆞ야

금녜에在ᄒᆞ게ᄒᆞ니臣의罪니이다太后ㅣ悅ᄒᆞ지아니ᄒᆞ니是로由ᄒᆞ야諸張이深히

怨ᄒᆞ더니會ᄒᆞ야太后ㅣ豫치못ᄒᆞ거늘張昌宗이太后ㅣ一日에駕를晏ᄒᆞ면元忠의誅

ᄒᆞᆯ바가될가恐ᄒᆞ야이諂호ᄃᆡ元忠이高戲으로더부러私소로議ᄒᆞ야云호ᄃᆡ太后

ㅣ老ᄒᆞ지라太子를挾ᄒᆞ야長久을ᄒᆞ니만갓지못ᄒᆞ다ᄒᆞᆫᄃᆡ太后ㅣ怒ᄒᆞ야元忠과

戲을獄에下ᄒᆞ고장찾ᄒᆞ야金昌宗으로더브러廷辨ᄒᆞ게ᄒᆞ니昌宗이密히鳳閣舍人

張說을引ᄒᆞ야美官으로써賂ᄒᆞ고元忠을證ᄒᆞ게ᄒᆞ니說이許ᄒᆞ더라明日에太后ㅣ

太子相王과밋宰相을召ᄒᆞ야금元忠과昌宗으로더부러參對ᄒᆞ야往復에

決지못ᄒᆞ거늘昌宗이曰張說이元忠의言을聞ᄒᆞ엿스니쳥컨대召ᄒᆞ야問ᄒᆞ소셔

太后ㅣ說을召호ᄃᆡ說이장入ᄒᆞ미宋璟이說더러謂ᄒᆞ야曰名과義가지극히重ᄒᆞ

야鬼神도欺ᄒᆞ기가難ᄒᆞ니可히邪를黨ᄒᆞ고正을陷ᄒᆞ야苟차이써免을求ᄒᆞ지말지

니만일罪를獲ᄒᆞ야流竄ᄒᆞ면그榮이多ᄒᆞ고만일事ㅣ不測홈이有ᄒᆞ면璟이맛당이

閤을叩ᄒᆞ고力으로爭ᄒᆞ야子로더부러死를同ᄒᆞ고力을努ᄒᆞ야萬代의瞻仰됨이此

擧에 在ᄒᆞ니라 史ㅣ 劉知幾日 靑史를 汙ᄒᆞ야 子孫의게 累를 貽홈을ᄒᆞ지 말라 밋 人ᄒᆞ미 太
后ㅣ 問ᄒᆞᄃᆡ 說이 對ᄒᆞ야 知ᄒᆞ지 못ᄒᆞ거늘 昌宗이 傍으로 從ᄒᆞ야 說을 迫趣ᄒᆞ야 금 速히
言ᄒᆞ라 ᄒᆞ니 對ᄒᆞ야 日 陛下ㅣ 視ᄒᆞ소셔 陛下의 前에 在ᄒᆞ야 오히려 逼臣이 이러ᄒᆞ거든 昌宗
ᄒᆞ물며 外에 在홈이리잇가 臣은 實로 元忠의 是言은 聞ᄒᆞ려 逼ᄒᆞ지 못ᄒᆞ고 다만 昌宗이
이 臣을 逼ᄒᆞ야 ᄒᆞ야금 誣로 證ᄒᆞ라 ᄒᆞ더이다 太后ㅣ 日 張說은 反覆 小人이라 맛당이
幷繫ᄒᆞ야 治ᄒᆞ라 他日에 다시 引問ᄒᆞ니 說이 對가 前과 如ᄒᆞ거늘 드듸여 元忠을 貶ᄒᆞ
야 高要尉를 合고 說을은 다 嶺表로 流ᄒᆞ다

太后ㅣ 嘗命 朝貴宴集ᄒᆞᆯᄉᆡ 張易之兄弟ㅣ 皆位在宋璟上이도 易
之ㅣ 素憚璟ᄒᆞ야 欲悅其意ᄒᆞ야 虛位揖之日 公이 方今에 第一人을
何乃下坐오 璟이 日 才劣位卑ᄒᆞ여 張卿이 以爲第一은 何也오 時에
武三思以下ㅣ 皆謹事易之兄弟호ᄃᆡ 璟이 獨不爲之禮ᄒᆞ니 諸張이
積怒ᄒᆞ야 常欲中傷之ᄒᆞᄃᆡ 太后ㅣ 知之故로 得免ᄒᆞ다

太后ㅣ 嘗히 朝貴를 命ᄒᆞ야 宴에 集홈ᄉᆡ 張易之兄弟ㅣ 다 位가 宋璟의 上에 在ᄒᆞᆫ지라
易之의 본ᄃᆡ 璟을 憚ᄒᆞ야 其意를 悅케ᄒᆞ고ᄌᆞᄒᆞ야 位를 虛ᄒᆞ야 日 公이 方今에 第
一人이여ᄂᆞᆯ 엇지 下ᄒᆞ야 坐ᄒᆞᄂᆞ뇨 璟이 日 才가 劣ᄒᆞ고 位가 卑ᄒᆞ거ᄂᆞᆯ 張卿이 第一

(蓮花似
六郎)張易似
郎昌爲行錦中得之
宗五號淫蠱傳出入兄弟
爲郎易之顯衣宮省
六號易之顯衣宮省

이라호믄 何이리오 時에 武三思以下ㅣ 다 謹ᄒᆞ야 易之의 兄弟를 事ᄒᆞ오ᄃᆡ 環이ᄒᆞ로 禮ᄒᆞ
지안이ᄒᆞ니 諸張이 怒를 積ᄒᆞ야 常히 中傷케ᄒᆞ고져 호ᄃᆡ 太后ㅣ 知ᄒᆞᄂᆞᆫ 故로 免ᄒᆞᄆᆞᆯ
得ᄒᆞ다

(甲辰)二十一年이라 周武氏十
安四年 春正月에 帝在東宮ᄒᆞ
二十一年이라 春正月에 帝가 東宮에 在ᄒᆞ다

七月에 以楊再思로 爲內史ᄒᆞ다 再思ㅣ 爲相에 專以諂媚로 取容
司禮少卿張同休는 易之之兄也ㅣ라 嘗召公卿ᄒᆞ야 宴集ᄒᆞ니라 酒酣
에 戲再思曰 楊內史는 面似高麗라ᄒᆞᆫ대 再思ㅣ 欣然ᄒᆞ야 即剪紙帖
巾ᄒᆞ고 反披紫袍ᄒᆞ야 爲高麗舞ᄒᆞ니 擧坐ㅣ 大笑ᄒᆞ다 時人이 或譽張昌
宗之美曰 六郎이 面似蓮花ㅣ야ᄂᆞᆯ 再思ㅣ 曰不然ᄒᆞ다 乃蓮花ㅣ似
六郎爾니라

七月에 楊再思로ᄡᅥ 內史를 삼다 再思ㅣ 相이 되ᄆᆡ 專히 諂媚로ᄡᅥ 容을 取ᄒᆞᆯ지라 司禮
少卿 張同休ᄂᆞᆫ 易之의 兄이라 일즉 公卿을 召ᄒᆞ야 宴集ᄒᆞ다가 酒가 酣ᄒᆞᆫ대 再思를 戲
ᄒᆞ야 曰楊內史의 面은 高麗와 갓다ᄒᆞ니 再思ㅣ 欣然히 紙를 剪ᄒᆞ야 巾을 帖ᄒᆞ고 紫袍
를 反披ᄒᆞ고 高麗舞를 ᄒᆞ니 擧坐ㅣ 크게 笑ᄒᆞ더라 時人이 或張昌宗의 美를 譽ᄒᆞ야

日六郎의面이蓮花와갓다ᄒᆞ니再思ㅣ曰그럿치안타이에蓮花가六郎과갓ᄒᆞ니

冬十月에以秋官侍郎張柬之로同平章事ᄒᆞ니時에年이且八十
矣러라

冬十月에秋官侍郎張柬之로써平章事를同히ᄒᆞ니時에年이ᄯᅩᄒᆞᆫ八十이러라

(乙巳)神龍元年이라이春正月에 太后ㅣ疾甚ᄒᆞ니張易之張昌宗이
居中用事여늘張柬之崔玄暐ㅣ與中臺右丞敬暉와司刑少卿
桓彦範과相王府司馬袁恕己로謀誅之ᄒᆞᆯᄉᆡ謂右羽林衛大將
軍李多祚曰將軍이今日富貴ㅣ誰所致也오多祚ㅣ泣曰大
帝也ㅣ라도柬之曰今大帝之子ㅣ爲二豎所危ᄒᆞ니將軍은不思報
大帝之德乎아多祚ㅣ曰苟利國家된댄惟相公處分ᄒᆞ고遂與定
謀ᄒᆞ다柬之ㅣ又用彦範暉及右散騎侍郎李湛ᄒᆞ야皆爲左右羽
林將軍ᄒᆞ고委以禁兵ᄒᆞ니러니俄而요姚元之ㅣ自靈武로至都여늘柬之

詳密註釋通鑑諺解 卷之十二

彦範이 相謂曰事ㅣ 濟矣라호고 遂以其謀로 告之호니 時에 太子ㅣ 於北

門에 起居ㅣ늘

釋義唐分宰相爲南司故稱
南牙宦寺爲北司故稱北門

彦範暉ㅣ 謁見호고 密陳其策호ᄃᆡ 太子

許之ㅣ어늘 癸卯에 東之玄暐彦範이 與左威衛將軍薛思行等으로

帥左右羽林兵五百餘人호고 至玄武門하야 遣多祚等으로

暐ㅣ 詣東宮迎太子ㅣ러니 同皎ㅣ 扶抱太子上馬호고 從至玄武門하야

斬關而入호야 太后ㅣ 在迎仙宮이어늘 東之等이 斬易之昌宗於廡

下ㅣ늘 太宮ㅣ 驚起問曰亂者ㅣ 誰耶오 對曰張易之昌宗이

謀反이어늘 臣等이 奉太子令하야 誅之호대 太后ㅣ 見太子曰乃汝耶

小子ㅣ 既誅니 可還東宮하라 彦範이 進曰太子ㅣ 安得更歸오릿가 昔

天皇이 以愛子로 託陛下ㅣ러시니 今年齒ㅣ 已長에 久居東宮이라 天

意人心이 久思李氏고 羣臣이 不忘太宗天皇之德故로 奉太

子誅賊臣니 願傳位太子야호소셔 以順天人之望호소셔 甲辰에 制太子

四七

監國호고乙巳에太后ㅣ傳位於太子호니丙午에中宗이即位호다丁未
에神龍元年이라春正月에太后ㅣ疾이甚호니張易之와張昌宗이中에居호야事를用
호거늘張柬之와崔玄暐ㅣ中臺右丞敬暐와司刑少卿桓彥範과相王府司馬袁恕己
로더부러謀호야右羽林衞大將軍李多祚더러謂曰將軍이今日富貴가誰
에셔致호뇨이바ㅣ多祚ㅣ泣호야曰大帝ㅣ로라東之ㅣ曰今에大帝의子ㅣ二豎의危호
바가되얏시니將軍은大帝의德을報호기를思호지안나뇨多祚ㅣ曰진실로國家를
利호진딘오즉相公의處分이라호고드듸여더부러謀를定호다東之ㅣ彥範暐와
밋右散騎侍郞李湛을用호야다左右羽林將軍을合고禁兵으로써委호엿더니俄而
오姚元之ㅣ靈武로붓허都에至호거늘東之와彥範이서로謂호야曰事ㅣ濟호엿도
다드듸여其謀로써告호니씨에太子ㅣ北門에셔起居호거늘彥範暐ㅣ謁見호고其
策을密히陳호디太子ㅣ許호니癸卯에東之와玄暐와彥範이左威衞將軍薛思行等
으로더부러左右羽林兵五百餘人을率호고玄武門에至호야多祚와湛과밋王同皎
를遺호야東宮에詣호야太子를迎호니同皎ㅣ太子를扶抱호야馬에上호고從호야
玄武門에至호야關을斬호고入호니太后ㅣ迎仙宮에在호거늘柬之等이易之와昌

太后ㅣ徙居上陽宮을이여帝ㅣ帥百官고호上太后尊號曰則天大
聖皇帝라호

廡下ᄋᆡ셔斬ᄒᆞᆫ딕大后ㅣ大驚ᄒᆞ야起問曰亂ᄒᆞᄂᆞᆫ者가誰오對ᄒᆞ야曰張易之외昌宗

이反홈을謀ᄒᆞ거늘臣等이太子의命을奉ᄒᆞ고誅ᄒᆞ니이다太后ㅣ太子를見ᄒᆞ고曰

이汝나小子ㅣ이미誅ᄒᆞ얏스니可히東宮으로還ᄒᆞ라彦範이進曰太子ㅣ엇지다시

歸ᄒᆞ리오昔에天皇이愛子로써陛下ᄭᅦ託ᄒᆞ시니今에年齒가이미長ᄒᆞ오리니東

宮에居ᄒᆞ신지라天意와人心이李氏를思ᄒᆞᆷ이久ᄒᆞ거고群臣이太宗天皇의德을忘치

안는故로太子를奉ᄒᆞ고賊臣을誅ᄒᆞ얏스니願컨딕位를太子ᄭᅦ傳ᄒᆞ야天과人

의望을順히허소셔甲辰에太子를制ᄒᆞ야國을監케ᄒᆞ고乙巳에太后ㅣ位를太子의

게傳ᄒᆞ고丙午에中宗이位에即ᄒᆞ다丁卯에太后ㅣ上陽宮에徙居ᄒᆞ거늘帝ㅣ百官

을帥ᄒᆞ고太后의尊號를上ᄒᆞ야曰則天大聖皇帝라ᄒᆞ다

三月에復國號曰唐ᄒᆞ다　復立妃韋氏ᄒᆞ야爲皇后ᄒᆞ다上이在房陵에

與后로同幽閉ᄒᆞ야備嘗艱危情愛ㅣ甚篤이라上이嘗與后로私誓

曰異時에幸復見天日면當惟卿所欲이오不相禁禦라ᄒᆞ더니及再爲

皇后에遂干預朝政을如武后ㅣ在高宗之世라러

三月에國號를復ᄒᆞ야日唐이라ᄒᆞ다다시妃韋氏를立ᄒᆞ야皇后를심다上이房陵에

在ᄒᆞ야后로더부러幽閉를同ᄒᆞ야艱危를備嘗ᄒᆞ야情愛가심아篤지라上이일즉

祥密註釋通鑑諺解 卷之十二

后ㅣ高宗의世에 在홈과 如히ᄒᆞ더라

것이오셔로禁禦치안ᄂᆞᆫ다ᄒᆞ더니밋皇后ㅣ再爲ᄒᆞᄆᆡᄃᆞ듸여朝政을干預ᄒᆞ기를武

로더부러私ᄒᆞ야誓ᄒᆞ야曰異時에다ᄒᆡᆼ이天日을復ᄒᆞ면맛당이卿의所欲을惟ᄒᆞᆯ

二張之誅也에 洛州長史薛季昶이(丑雨反) 謂張柬之敬暉曰二

凶이雖誅나 産祿이(呂産呂祿比三思) 猶在ᄒᆞ니彼는 去草(에)不去根면 終當復生이라

二人이日大事를已定ᄒᆞ니彼는 猶机上肉爾라(釋義机居履反榾机之上) 歎曰吾不知死所矣로라朝

所誅ㅣ已多ᄒᆞ니不可復益也ㅣ라季昶이 夫何能爲오

邑尉劉幽求ㅣ亦謂桓彦範敬暉曰武三思ㅣ尙存ᄒᆞ니公輩ㅣ終

無葬地니若不早圖면(噬臍ㅣ無及ᄒᆞ리라 噬時制反臍狙今反傳若不早圖後君噬臍註齧腹臍喩不可及也) 不從ᄒᆞ

二張이誅ᄒᆞᄆᆡ洛州長史薛季昶이張柬之와敬暉더러謂曰二凶이

産祿이오히려在ᄒᆞ니草를去ᄒᆞᄆᆡ根을去ᄒᆞ지안이ᄒᆞ면맛당이復生ᄒᆞ리라

二人이日大事를이미定ᄒᆞ얏스니彼는机上의肉갓혼지라무릇能히ᄒᆞ리오誅

ᄒᆞᆫ바가多ᄒᆞ니可히다시益지못ᄒᆞ지니라季昶이歎ᄒᆞ야曰吾ㅣ死ᄒᆞᆯ곳을知ᄒᆞ지못

ᄒᆞ깃도다朝邑尉劉幽求ㅣᄯᅩ호桓彦範과敬暉더러謂曰武三思ㅣ오히려存ᄒᆞ니公

輩는맛줌니葬홀地가無홀지니만일일즉圖호지아니호면臍를噬홈을及지못호리

라호디從치안라

上의女安樂公主ㅣ適三思의 子崇訓다上官婉兒者ㅣ辯慧善

屬文고明習吏事니則天이愛之야自聖歷以後로百司ㅣ表奏에

多令參決니러及上이即位에又使專掌制命야益委任之고拜

爲婕妤야(婕即涉反)(好王諸反)用事於中니三思ㅣ通爲故로黨於武氏고又薦

三思於韋后대上이使韋后與三思로雙陸고而自居傍야爲之

點籌니三思ㅣ遂與后로通由是로武氏之勢ㅣ復振니張柬之

等이數勸上誅諸武대上이不聽다

上의女安樂公主ㅣ三思의子崇訓에게適다上官婉兒者ㅣ辯慧야屬文을善

고吏事에明習니則天이愛야聖歷써後로부터百司ㅣ表를奏미하야금만이

參決게더니밋上이位에即야밋또專히制命을掌야더욱委任고婕

妤를拜야中에셔事를用니三思ㅣ通故로武氏에黨고또三思를韋后의게

薦호디上이韋后로야금三思로더부러雙陸케고스스로傍에居야爲야點

籌케ᄒᆞ니三思ㅣ드듸여后로더부러通ᄒᆞᆫ지라是로由ᄒᆞ야武氏의勢가다시振ᄒᆞ니張柬之等이즛조上ᄋᆞᆯ勸ᄒᆞ야諸武ᄅᆞᆯ誅ᄒᆞ라호ᄃᆡ上이聽치안타

三思ㅣ與章后로日夜에暉等ᄋᆞᆯ譖ᄒᆞ야云호ᄃᆡ特功專權ᄒᆞ니將不利於社稷이라不若封暉等爲王ᄒᆞ야罷其政事니外不失尊寵功臣이오內實奪之權이니라上이以爲然ᄒᆞ야以敬暉로爲平陽王ᄒᆞ고桓彥範으로爲扶陽王ᄒᆞ고張柬之로爲漢陽王ᄒᆞ고袁恕己로爲南陽王ᄒᆞ고崔玄暉로爲博陵王ᄒᆞ고罷知政事다三思ㅣ令百官으로謀修則天之政ᄒᆞ야不附武氏者ᄂᆞᆫ斥之ᄒᆞ고爲五王所逐者로復之ᄒᆞ나大權이盡歸三思矣러라

三思ㅣ韋后로더부러日夜에暉等ᄋᆞᆯ譖ᄒᆞ야云호ᄃᆡ功ᄋᆞᆯ恃ᄒᆞ고權ᄋᆞᆯ專ᄒᆞ니장ᄎᆞ社稷에利치못ᄒᆞᆯ지라暉等ᄋᆞᆯ封ᄒᆞ야王ᄋᆞᆯ合고그政事ᄅᆞᆯ罷ᄒᆞ니만갓지못ᄒᆞ니外로는功臣尊寵홈ᄋᆞᆯ失ᄒᆞ지안니ᄒᆞ고內로는實로權ᄋᆞᆯ奪홈이니라上이놈히써然히녀겨敬暉로써平陽王ᄋᆞᆯ合고桓彥範으로써扶陽王ᄋᆞᆯ合고張柬之로써漢陽王ᄋᆞᆯ合고袁恕己로써南陽王ᄋᆞᆯ合고崔玄暉로써博陵王ᄋᆞᆯ合고政事知홈ᄋᆞᆯ罷ᄒᆞ다三思ㅣ百官

으로ᄒᆞᆫᄃᆡ아금則天의政을謀修ᄒᆞ야武氏에附ᄒᆞ지안ᄂᆞᆫ者ᄂᆞᆫ斥ᄒᆞ고五王의逐ᄒᆞᆫ바者

를復ᄒᆞ니大權이다三思의게歸ᄒᆞ엿더라

壽에殺之ᄒᆞ다

(丙午)二年이라二思ㅣ使鄭愔으로告五王이反ᄒᆞ야ᅡ라貶諸州司馬ᄂᆞᅵ러

二年이라三思ㅣ鄭愔으로ᄒᆞ야곰五王이反ᄒᆞ다告ᄒᆞ야諸州司馬로貶ᄒᆞ엿더니尋
에殺ᄒᆞ다

(丁未)景龍元年이라太子重俊이與左羽林大將軍李多祚等

矯制發羽林千騎ᄒᆞ야殺武三思武崇訓于其第ᄒᆞ고引兵自肅

章門으로斬關而入ᄒᆞ니上이據檻曰汝輩ㅣ皆朕의宿衛之士ㅣ여何

爲從多祚反고於是에千騎ㅣ斬多祚ᄒᆞ다

太子ᄂᆞᆫ走ㅏ다爲左右所殺ᄒᆞ다

景龍元年이라太子重俊이左羽林大將軍李多祚로더부러制를矯ᄒᆞ야羽林千騎를

發ᄒᆞ야武三思와武崇訓을其第에서殺ᄒᆞ고兵을引ᄒᆞ야肅章門으로부터關을斬ᄒᆞ

고入ᄒᆞ니上이檻을據하고曰汝輩가다朕의宿衛ᄒᆞᆫ士여ᄂᆞ엇지ᄒᆞ야多祚를從ᄒᆞ야

時增爲千騎隸左右
羽林中宗增爲萬騎

初太宗選宮戶及蕃口驍勇者著虎文衣跨
豹文韉從遊獵於爲前射禽獸謂百騎武后

妹女
女弟曰
主皆上之
寧)二公
(安樂長

詳密註釋通鑑諺解　卷之十二

反호는고이에千騎가多詐를斬호고太子는走호다가左右의殺혼바가되다

(巳酉)三年이라 安長樂寧公主와 及皇后妹郕國夫人上官婕
好等이 皆依勢用事호야 請謁受賕호고 雖屠沽臧獲이나 用錢三〔奴曰臧婢曰獲〕
十萬則別降墨敕호야 除官斜封호야 付中書호느 時人이 謂之斜封
官이라 錢三萬則度爲僧尼호고 其員外同正試攝檢校判知一凡
數千人이라 西京東都에 各置兩吏部侍郎호야 爲四銓호니 選者一歲
에 數萬人이라

三年이라 安樂長寧公主와 밋皇后의妹郕國夫人과 上官婕妤等이다 勢룰依호야事
룰用호야 謁홈을請호고 賕룰受호고 비록屠沽臧獲이느 錢三十萬으로 別로이
墨敕을降호야 官을除호고 封을斜호야 中書에付호니 時人이 斜封官이라稱호는지
라 錢三萬則度호야 僧尼룰合고 其員外에同正試攝檢校判知一 무릇數千人이라 西
京東都에 各기兩吏部侍郎을置호야 四銓을호니 選者一歲에 數萬人이러라

睿宗　名旦高宗第八子　在位二年　壽五十五

因其子之功으로 在位不久無可稱者然
鑒前之禍立嗣以功所謂可與權矣

八風舞非
也行以謂夫春
八節舞衆秋
風者所所魯
者音　仲太

太平公主
高宗之女也
武后之生

上宮昭容
即宮官健
仔

（庚戌）四年이라睿宗皇帝景雲元年　夏四月에上이宴近臣國子祭酒祝欽明

自請作八風舞ᄒ야搖頭轉目ᄒ야備諸醜態ᄒ니上이笑ᄒ러欽明이素

以儒學로著名이라吏部侍郎盧藏用이私謂諸學士曰祝公이

五經을掃地盡矣랏다ᄒ니라

四年이라夏四月에上이近臣을宴ᄒ실ᄉᆡ國子祭酒祝欽明이스스로請ᄒ야八風舞를
作ᄒ야頭를搖ᄒ고目을轉ᄒ야모든醜態를備ᄒ니上이笑ᄒ더라欽明이본ᄃᆡ儒學
으로써名이著ᄒ지라吏部侍郎盧藏用이私로學士더러謂曰祝公이五經을地에掃
ᄒ야盡ᄒ엿다ᄒ더라

安樂公主ㅣ欲韋后臨朝ᄒ고　自爲皇太女ᄒ야　乃相與合謀ᄒ야　於

餠餤中에　進毒이러니　六月壬午에　中宗이　崩ᄒᆞᆫ커ᄂᆞᆯ　太平公主ㅣ與上官

昭容으로謀草遺制ᄒ야立溫王重茂ᄒ야爲皇太子ᄒ고皇后ㅣ臨朝攝

政ᄒ다殤帝ㅣ即位ᄒ니時年이十六이러라

安樂公主ㅣ韋后ㅣ臨朝ᄒ고고스스로皇太女가되고져ᄒ야이에셔로더부러謀를合

호야 餅餤中에 毒을 進호얏더니 六月壬午에 中宗이 崩커늘 太平公主ㅣ 上官昭容으
로더부러 遺制를 謀草호야 溫王重茂를 立호야 皇太子를 含고 皇后ㅣ 朝에 臨호야 政
을 攝호다 殤帝ㅣ 位에 即호니 時에 年이 十六이러라

相王子臨淄王隆基ㅣ 謀匡復社稷호ᄉᆞ 微服으로 與劉幽求等으

入苑中호야 向二鼓에 天星이 散落如雪이어늘 幽求ㅣ 日天意ㅣ 如此

時不可失이라 호고 乃攻白獸門호고 斬關而入호니 韋后ㅣ 惶惑호야 走入

飛騎營호야 有飛騎ㅣ 斬其首호야 獻於隆基호고 安樂公主는 方照

鏡畫眉어늘 軍士ㅣ 斬之호니 比曉에 內外ㅣ 皆定이라 是日에 赦天下호고

以臨淄王隆基로 爲平王고 甲辰에 少帝制로 傳位相王호니 睿宗

이 即位호다

相王子臨淄王隆基ㅣ 社稷을 匡復호기를 謀호ᄉᆞ 微服으로 劉幽求等으로더부러 苑
中에 入호야 二鼓에 天星이 散落홈이 雪과 如호거늘 幽求ㅣ 日天意ㅣ 如此호니 時
를 可히 失홀 슈가 업다 호고 이에 白獸門을 攻호고 關을 斬호고 入호니 韋后ㅣ 惶惑호
야 飛騎營에 走入호거늘 飛騎ㅣ 잇셔 其首를 斬호야 隆基에게 獻호고 安樂公主는 바

야호로鏡을照호고眉를畫호거늘軍士ㅣ斬호니曉에比호야內外ㅣ다定호지라是
日에天下를赦호고臨淄王隆基로平王을合고甲辰에少帝의制로位를相王에게傳
호니睿宗이位에即호다

上이將立太子ㅣ서를以宋王成器는嫡長而平王隆基는有大功이라
疑不能決이여成器ㅣ辭曰國家ㅣ安則先嫡長이오國家ㅣ危則
先有功이니苟違其宜면四海ㅣ失望이니臣은死不敢居平王之上
호고涕泣固請者ㅣ累日이오大臣이亦多言호데平王이功大니宜立
이라호고劉幽求ㅣ曰臣은聞除天下之禍者는當享天下之福
平王이拯社稷之危호고救君親之難이니論功이莫大오語德이最
賢無可疑者ㄹ디니上이從之야立平王隆基호야爲太子호다太平公
主ㅣ沈敏多權略야與太子로共誅韋氏니러旣立大功에益尊重
라上이常與圖議大政이러

上이將次太子를立호실새宋王成器는嫡長이오平王隆基는大功이有혼지라疑
호야能히決치지못호거늘成器ㅣ辭호야曰國家ㅣ安혼즉嫡長을先호고國家ㅣ危

호즉 有功을先홀지니진실노其宜홈을違호야도
敢히平王의上에居홀수업다호고涕泣호고固請호者ㅣ累日이오大臣이또말호
되平王이功이大호니立홈이宜라호야늘劉幽求ㅣ日臣은聞호니天下의禍를除호
는者는맛당이天下의福을享호다호니平王이社稷의危홈을拯호고君親의難을救
호얏스니功을論홈이莫大오語德이最賢호니可히疑홀者ㅣ無호니이다上이從호
야平王隆基를立호야太子를슴고太平公主는沈敏호고權略이多호야太子로더부
러共히韋氏를誅호더니이믜大功을立호미더욱尊重호지라上이常히더부러大政
을圖議호더라

以許州刺史姚元之로 爲兵部尚書호고 洛州長史宋璟으로 檢校
吏部尚書호야 同中書門下三品호다 璟이 與姚元之로 恊心호야 革中
宗獎政호고 進忠良退不肖호며 賞罰을 盡公호고 請託을 不行호야 綱紀를
脩擧호니 當時에 翁然호야 以爲復有貞觀永徽之風이러라

許州刺史姚元之로兵部尚書를合고洛州長史宋璟으로吏部尚書를檢校호야中書
門下三品을同히호다璟이姚元之로더부러心을協호야中宗의弊政을革호고忠良
을進호고不肖를退호고賞罰을公히호고請託을行치아니호고綱과紀를修擧

호니當時에翕然히야써다시貞觀의風이有호다호더라

(甲寅)妬壯勿取易妬卦巽下乾上程傳曰一陰始生自是而長漸以盛大是女之將長男
弱救勿用取易妬雖一陰甚微然有漸壯之道所以戒世矣子曰妬遇也一陰遇五陽則女德之甚也取以自
配必害乎陽也止其事初蕭淑妃有寵王居疾之上之爲太子也見武氏而悦之太宗崩武氏爲尼忌日
上詣寺見之泣后聞之陰令長髮納之後宮欲以間淑妃之寵武后巧慧多權數初入宮中屈體事后后數稱其美未
幾大幸爲昭儀后所不敬者傾心相結自是后及淑妃動靜后得知之訴於上后寵遂衰然未有意廢也會昭儀
生女后憐而弄之后出昭儀潛扼殺之上至昭儀歡笑發衾觀之即驚左右曰皇后適來此上大怒日后殺吾女昭
儀因泣數其罪后無以自明上由是有廢立之志后及淑妃因於別院武后遣人斷去手足投酒甕中曰令二妃骨醉
居數日而死

唐紀

玄宗明皇帝上 名隆基睿宗第三子

壽七十八 在位四十四年

(壬子)太極元年이라 玄宗皇帝先天元年
開元之初勵精政事幾致太平可謂盛矣天寶以後奸臣執權艷
妃亂政至於寶身失國而不悔靡有初鮮克有終玄宗之謂也

表固辭한대太平公主ㅣ勸上雖傳位나猶宜自總大政이라호야固辭호거늘太

太極元年이라壬辰에上이位를太子의게傳호딕大子ㅣ表를上호야

平公主ㅣ上을勸호되비록位를傳호나오히려맛당이大政을自總홀것이라호더라

八月庚子에太子玄宗이即位호야尊睿宗爲太上皇고三品以

上除授와 及大刑政은 決於上皇다 出本紀

八月庚子에 太子玄宗이 位에 即ᄒᆞ야 睿宗을 尊ᄒᆞ야 太上皇을 ᄉᆞᆷ고 三品써 上의 除授와 밋 大刑政은 上皇에게 決ᄒᆞ다

(癸丑)開元元年이라 太平公主ㅣ 依上皇之勢ᄒᆞ야 擅權用事ᄒᆞ니 與

開元元年이라 太平公主ㅣ 上皇의 勢를 依ᄒᆞ야 權을 擅ᄒᆞ야 事를 用ᄒᆞ니 上으로더부러隙이 有ᄒᆞᆫ지라 宰相이 七人에 五ᄂᆞᆫ 그門의셔 出ᄒᆞ고 文과 武의 臣이 太半이나 附ᄒᆞᆫ지라 寶懷貞과 岑羲와 蕭至忠으로더부러 廢立宮을 謀ᄒᆞ다

上으로 有隙이라 宰相七人이 五出其門ᄒᆞ고 文武之臣이 太半附之라 與寶懷貞岑羲蕭至忠으로 謀廢立ᄒᆞ다

秋七月에 魏知古ㅣ 告ᄒᆞ니 公主ㅣ 欲以是月四日로 作亂이어ᄂᆞᆯ 上이 乃定計誅之ᄒᆞᆯ서 執至忠義於朝堂ᄒᆞ야 皆斬之ᄒᆞ고 太平公主ᄂᆞᆫ 賜死于家ᄒᆞ다

秋七月에 魏知古ㅣ 告ᄒᆞ되 公主ㅣ 是月四日로 亂을 作ᄒᆞ고 ᄌᆞᄒᆞ다ᄒᆞ거ᄂᆞᆯ 上이 計를 定ᄒᆞᆯ시 至忠과 義를 朝堂에 執ᄒᆞ야다 斬ᄒᆞ고 太平公主ᄂᆞᆫ 家에셔 死를 賜ᄒᆞ다

以高力士로 爲右監門將軍ᄒᆞ야 知內侍省事ᄒᆞ다 初에 太宗이 定制

（緋）緋也

內侍省에不置三品官호고黃衣廩食호야 守門傳命而已오天后

ㅣ雖女主나宦官이亦不用事고 中宗時에嬖倖이猥多호야宦官七

品以上이至千餘人이러니然나 衣緋者ㅣ尙寡ㅣ러라 上이 在藩邸에力

士ㅣ傾心奉之호고及爲太子호야奏爲內給事ㅣ러니 至是에以誅蕭岑

功으로賞之호니是後에宦官이稍增호야 至三千餘人이오 除三品將軍

者ㅣ浸多호고 衣緋紫ㅣ至千餘人이라宦官之盛이自此始 出宦者傳

高力士로右監門將軍을合야內侍省事를知케호다初에太宗이制를定호되內侍省

에三品官을置호디아니호고黃衣廩食호야門을守호고命을傳홀씨름이오天后ㅣ

비록女主나宦官이또호事를用호지못호고中宗時에嬖倖이猥多호야宦官七品以

上이千餘人에至호나然이나衣緋者ㅣ오히려寡호더라上이藩邸에在호미力士ㅣ

心을傾호야奉호고밋太子ㅣ되믜奏호야內給事가되엿더니 是에至호야蕭岑을誅

혼功으로써賞호니是後에宦官이점점增호야三千餘人에至호고三品將軍을除혼

者ㅣ浸多호고緋紫를衣홈이千餘人에至호지라宦官의盛홈이此로브터始호더라

上이 幸新豐호야 講武于驪山之下호다 本紀

以同州刺史姚元之로

爲兵部尙書야同中書門下三品호다 上이初即位에勵精爲治호야

六一

（繩下）繩索也以引畫而取直也

詳密註釋通鑑諺解 卷之十二

每事를訪於元之호니元之ㅣ應答如響호디 同僚는皆唯諾而己故로

上이專委任之호디元之ㅣ請抑權倖愛爵賞호며 納諫諍却貢獻

不與羣臣로藝狎호니上이皆納之호다

上이新豐에幸호야武를驪山下에셔講호다同州刺史姚元之로兵部尙書룰合아中書門下三品을同케호다上이쳐음으로位에卽호야精을勵호고治룰호야每事룰元之의게訪호니元之ㅣ響과如호디同僚는다唯諾홀씨름인故로上이오로지委任호딕元之ㅣ權倖을抑호고爵賞을愛호고諫諍 納호고貢獻을却호기請호야羣臣으로더부러藝狎지못호게호니上이다納호다

本傳에曰上이講武新豐셔ㅣ崇이爲同州刺史라召詣行在에帝ㅣ歡甚야恣天下事더袞袞不知倦이어 帝曰卿은宜遂相朕라호 知帝大度ㅣ銳於治호고乃先設事호야以堅帝意야因跪奏曰臣이 願以十事로聞호리니陛下ㅣ度不可行이라도臣이敢辭잇가호리 帝曰試爲 朕言之라호 崇이曰垂拱武后以來 以峻法繩下호니臣은願政先仁

恕ᅵ可乎ᄒᆞ며 朝廷이 覆師靑海로 未有牽復之悔ᄒᆞᄂᆞ니 臣은 願不倖邊功이 可乎ᄒᆞ며 比來에 壬佞이 冒觸憲綱ᄒᆞ야 皆得以寵으로 自解ᄒᆞᄂᆞ니 臣은 願法行自近이 可乎ᄒᆞ며 后氏ᅵ 臨朝에 喉舌之任이 出闥人之口ᄒᆞᄂᆞ니 臣은 願宦竪ᅵ 不與政이 可乎ᄒᆞ며 戚里貢獻으로 以自媚于上에 公卿이 方鎭에 寢亦爲之ᄒᆞᄂᆞ니 臣은 願租賦外예 一絕之ᅵ可乎ᄒᆞ며 外戚貴主ᅵ 更相用事ᄒᆞ야 班序ᅵ荒雜ᄒᆞᄂᆞ니 臣은 願戚屬을 不任臺省이 可乎ᄒᆞ며 先朝에 褻狎大臣ᄒᆞ야 虧君臣之嚴ᄒᆞᄂᆞ니 臣은 願陛下ᅵ 接之以禮ᅵ可乎ᄒᆞ며 燕欽融韋月將이 以忠으로 得罪ᄒᆞᄂᆞ니 自是로 諍臣이 沮折ᄒᆞ야이다 臣은 願羣臣이 皆得批逆鱗ᄒᆞ고 犯忌諱ᅵ可乎ᄒᆞ며 武后ᅵ 造福先寺ᄒᆞ고 上皇이 造金仙玉眞二觀ᄒᆞ야 費ᅵ鉅百萬ᄒᆞᄂᆞ니 臣은 願絕道佛營造ᅵ可乎ᄒᆞ며 漢이 以祿莽閣梁으로 亂天下ᄒᆞᄃᆡ 國家ᅵ 爲甚ᄒᆞᄂᆞ니 臣은 願推此監戒ᄒᆞ야 爲萬代法이 可乎이니다 帝曰朕이 能行之라ᄒᆞ리라 崇이

乃頓首謝ᄒᆞ다

本傳에글오ᄃᆡ上이新豐에講武ᄒᆞ실ᄉᆡ崇이同州刺史가되ᄆᆡᆺ지라召ᄒᆞ야行在에詣ᄒᆞᆷ에

帝ㅣ歡ᄒᆞᆷ이甚ᄒᆞ야天下事ᄅᆞᆯ容ᄒᆞᄃᆡ袞袞ᄒᆞ야倦ᄒᆞᆷ을知ᄒᆞᄂᆞᆫ지라帝曰卿은맛당

이遂히朕을相ᄒᆞ라崇이帝의大度ㅣ治에銳ᄒᆞᆷ을知ᄒᆞ고이에事ᄅᆞᆯ先設ᄒᆞ야ᄡᅥ당

意ᄅᆞᆯ堅ᄒᆞ게ᄒᆞ야因ᄒᆞ야跪奏曰臣은원컨ᄃᆡ十事로ᄡᅥ聞ᄒᆞ리니陛下ㅣ可히行치못

ᄒᆞᆷ을度ᄒᆞᆯ지라臣이敢히辭ᄒᆞ리잇가帝曰試ᄒᆞ야ᄡᅥ朕을爲ᄒᆞ야言ᄒᆞ라崇이曰垂

拱ᄒᆞ야ᄡᅥ옴으로法을峻ᄒᆞ야下ᄅᆞᆯ繩ᄒᆞ리잇가臣은원컨ᄃᆡ政을仁恕ᄅᆞᆯ先ᄒᆞ며朝

廷이覆師靑海로牽復의悔가有치아니ᄒᆞ니臣은願컨ᄃᆡ邊功을倖치아니ᄒᆞᆷ이可ᄒᆞ며

며比來에壬佞이憲綱을冒觸ᄒᆞ야다得ᄒᆞ야다寵으로써스ᄉᆞ로解ᄒᆞ니臣은願컨ᄃᆡ法

臣은원컨ᄃᆡ宦竪ㅣ政을與ᄒᆞ지못ᄒᆞᆷ이可ᄒᆞ며戚里貢獻으로써上에自媚ᄒᆞᄆᆡ公卿

이바야로鎭ᄒᆞ야寢ᄒᆞ야ᄯᅩ호ᄂᆞ니臣은원컨ᄃᆡ租賦外에ᄂᆞᆫ一히絕ᄒᆞᆷ이可ᄒᆞ며外戚

貴主ㅣ다시셔로事ᄅᆞᆯ用ᄒᆞ며序를班ᄒᆞ니荒雜ᄒᆞ니臣은원컨ᄃᆡ戚屬을臺省을任치

아니ᄒᆞᆷ이可ᄒᆞ며先朝에셔大臣을褻狎ᄒᆞ야君臣의嚴ᄒᆞᆷ을黷ᄒᆞ니臣은원컨ᄃᆡ陛下

ㅣ禮로써接ᄒᆞᆷ이可ᄒᆞ며燕欽融韋月將이忠으로罪를어덧스니是로브터誹ᄒᆞᄂᆞᆫ臣

이沮ᄒᆞ고折ᄒᆞ지라臣은원컨ᄃᆡ羣臣이다逆鱗을批ᄒᆞ고忌諱를犯ᄒᆞᆷ이可ᄒᆞ며武后

一福先寺를造ᄒ고上皇이金仙玉眞二觀을造ᄒ야鉅百萬을費ᄒ니臣은원컨디道
佛營造宮을絶호미可ᄒ며漢이祿莽閣梁ᄋ로써天下를亂호ᄃᆡ國家ㅣ爲甚ᄒ니臣
은願컨디此를推ᄒ야監戒ᄒ야萬代의法을合ᄂᆞᆫ거시可ᄒ니이다帝曰朕이능히行
ᄒ리라崇이이에首를頓ᄒ고謝ᄒ다

姚元之ㅣ嘗奏호ᄃᆡ請序進郎吏를上이仰視殿屋ᄒᆞᆯᄉᆡ元之ㅣ再三
言之호ᄃᆡ終不應라이元之ㅣ懼ᄒ야趨出ᄒ니罷朝에高力士ㅣ諫曰陛下
ㅣ新總萬機ᄒ시니宰相이奏事에當面加可否ᄒ어늘奈何로一不省察
ᄒ시고上이曰朕이任元之以庶政ᄒ니大事ᄂᆞᆫ當奏聞共議之어늘郎吏
ᄅᆞᆯ卑秩이라乃一以煩朕耶아ᄒᆞᄂᆞ會에力士ㅣ宣事至省中ᄒᆞ야爲元
之道上語ᄒ니元之ㅣ乃喜ᄒ고聞者ㅣ皆服上識人君之體라ᄒ러라左拾
遺曲江張九齡이以元之ㅣ有重望ᄒ야爲上所信任ᄋᆞ로奏記에勸
其遠諂躁進純厚ᄒᄂᆞ元之ㅣ嘉納其言ᄒ다 出本傳
다

姚元之ㅣ一旦奏호ᄃᆡ請컨디郎吏를序로進ᄒ라ᄒ거늘上이殿屋만仰視ᄒᆞ니元之
ㅣ再三言호ᄃᆡ맛ᄎᆞᆷ니應치아니ᄒᄂᆞ지라元之ㅣ懼ᄒ야趨出ᄒ니朝를罷ᄒᆞᄆᆡ高力

士ㅣ諫ㅎ야曰陛下ㅣ新으로萬機를總ㅎ시니宰相이事를奏ㅎ야面을當ㅎ야可否

를加ㅎㄹ것이어늘엇지ㅎ야一도省察ㅎ지아니ㅎ느닛고上이글오디朕이元之에게

庶政을任ㅎ엿스니大事를當히奏聞ㅎ야議를共홀것이어늘郞吏는卑秩이라이에

一一이써朕을煩ㅎ게ㅎ는야大事를宣ㅎ야會에力士ㅣ事를宣ㅎ야省中에至ㅎ야元之를爲ㅎ야

上의語를道ㅎ니元之ㅣ이에喜ㅎ고聞者ㅣ다上이人君의體를識홈을服ㅎ더라左

拾遺曲江張九齡이元之ㅣ重望이잇셔上의信任ㅎ바가됨으로써奏記ㅎ미其諂躁

을遠히ㅎ고純厚홈을進ㅎ기를勸ㅎ잇셔元之ㅣ其言을嘉納ㅎ다

十二月에改尙書左右僕射ㅎ야爲左右丞相ㅎ고中書省으로爲紫

微省ㅎ고門下省으로爲黃門省ㅎ고侍中으로爲監ㅎ다 出百官志

十二月에尙書左右僕射를改ㅎ야左右丞相을숨고中書省으로紫微省을숨고門下省으로黃門省을숨고侍中으로監을숨다

壬寅에元之ㅣ避開元尊號ㅎ야復名崇ㅎ다

壬寅에元之ㅣ開元尊號를避ㅎ야名崇으로復ㅎ다

(甲寅)二年이라春正月에制ㅎ야選京官有才識者ㅎ야除都督刺史

고都督刺史ㅣ有政迹者를除京官ㅎ야使出入常均ㅎ야永爲恒式

二年이라春正月에制ᄒᆞ야京官에才識이有ᄒᆞᆫ者를都督

刺史ㅣ政迹이有ᄒᆞᆫ者를京官ᄋᆞ로除ᄒᆞ야금常均에出入ᄒᆞ야永히恒式을合다

舊制에 雅俗之樂이 皆隸太常ᄒᆞ니 上이精曉音律ᄒᆞ야 以太常은 禮

樂之司니 不應典倡優雜伎야라ᄒᆞ야 乃更置左右敎坊ᄒᆞ야 以敎俗

樂고 初有內敎坊置于禁中蓬萊宮側更置左右敎坊于京都以中官爲之使自是不隸太常 又選樂工數百人ᄒᆞ야 自敎法曲

於梨園고 謂之皇帝梨園弟子다라 隋有法曲其聲清近雅明皇愛之選左部妓子弟三百敎於梨園號皇帝梨園弟子宮女數百有爲梨園

弟子居宜
春北院

上이素友愛ᄒᆞ야 近世帝王이莫能及라이 初即位에 爲長枕大被ᄒᆞ야

與兄弟로同寢ᄒᆞ고 殿中에設五幄ᄒᆞ야 釋義幄乙角反幄四合象宮室也 與諸王로更處其

中야ᄒᆞ謂之五王帳이러라 辥王業이有疾ᄒᆞᆯ이여 上이親爲煮藥가이라 回

詳節註釋通鑑諺解　卷之十二

颶-吹火ᄒᆞ야誤藝上須를

釋義颶卑遙反說文扶搖風也回風是也須說文面毛也俗作鬚所之須本借此

上이日但使王으로飲此藥而愈ᄒᆞ면須何足惜이리오

容宗諸子傳

上이본디友愛ᄒᆞ야近世帝王이能히及지못ᄒᆞ얏더라음으로即ᄒᆞ야밍長枕과

大被를ᄒᆞ야兄弟로더부러寢을同ᄒᆞ고殿中에五幄을設ᄒᆞ야諸王으로더부러其中

에處ᄒᆞ고謂호ᄃᆡ五王帳이라ᄒᆞ더라薛王業이疾이有ᄒᆞ거늘上이親히藥을賫ᄒᆞ다

가回飆이火를吹ᄒᆞ야誤ᄒᆞ上의須를熱ᄒᆞ거늘左右ᅵ驚ᄒᆞ야救ᄒᆞ니上이골으ᄃᆡ다

만王으로ᄒᆞ곰此藥을飲ᄒᆞ고愈ᄒᆞ면須ᅵ엇지足히惜ᄒᆞ리오

上이以風俗이奢靡로秋七月에制호ᄃᆡ乘輿服御金銀器玩을宜

令有司로銷毀ᄒᆞ야以供軍國之用ᄒᆞ고其珠玉錦綉를焚於殿前ᄒᆞ고

后妃以下도皆毋得服珠玉錦綉ᄒᆞ고天下로更毋得采珠玉織

錦綉等物ᄒᆞ고罷兩京織錦坊本紀다

上이風俗이奢靡ᄒᆞ므로ᄡᅥ秋七月에制ᄒᆞ호ᄃᆡ乘輿服御金銀器玩을맛당이有司로

야곰銷毀ᄒᆞ야ᄡᅥ軍國의用을供케ᄒᆞ고그珠玉錦綉를殿前에셔焚ᄒᆞ고后妃以下로

다珠玉錦綉를得服ᄒᆞ지못ᄒᆞ게ᄒᆞ고天下로다시실어금珠玉을采ᄒᆞ고錦綉等物을

織호지못호게호고 兩京에 織錦坊을 罷호다

(溫公) 曰明皇之、始欲爲治能自刻勵、節儉如此晚節、猶以奢敗甚矣、奢麗之、易以溺人也、詩云、靡不有初、鮮克有終、可不愼哉

嘗之非常
所居也

宋王成器等이 請獻興慶坊宅호야 爲離宮 子虛賦離宮別舘彌山跨谷秦作離宮三百漢書註云離宮者謂於別處

制許之고 始作興慶宮호야 仍各賜成器等宅호야 環於宮 環繞也

側호고
又於宮西南에 置樓호야 題其西日花蕚相輝之樓 上이 或登 蕚逆各反花附承花者也花蕚相輝義取詩常棣之華鄂不韡韡燕兄弟之意以名樓也

樓야 聞王의 奏樂則召升樓호야 同宴호고 或其所居야 盡歡호고 賞賚 南日勤政務本之樓 라호

優渥이러라 賚落代反賜也 出睿宗諸子傳

宋王成器等이 興慶坊宅을 獻호야 離宮삼기를 請호디 制호야 許호고 비로소 興慶宮을 作호야 仍호야 各々成器等의 宅을 賜호야 宮側에 環호고 坐宮西南에 樓를 置호야 그 西에 題호야글오디 花蕚相輝의 樓라 호고 南에 눈굴오디 勤政務本의 樓라 호고 이 或樓에 登호야글오디 花蕚相輝의 樓라 호고 南에 눈굴오디 勤政務本의 樓라 호고 王의 奏樂을 聞호즉 곳召호야 樓에 升호야 宴을 同호고 或其에 幸호야 歡을 盡호고 賞賚이 優渥호더라

(乙卯)三年이라 春正月에 以盧懷愼으로 檢校吏部尙書야 兼黃門

監懷愼이 淸謹儉素야 不營貲産고 雖貴爲卿相나 所得俸賜

를 隨散親舊야 妻子ㅣ 不免飢寒고 所居에 不蔽風雨라 姚崇이 嘗

有子喪야 謁告十餘日에 政事ㅣ 委積호되 懷愼이 委호委積謂牢米薪芻也委於僞反積子賜反此二字相連義同此

不能決고 惶恐入謝於上딕 上이 曰以天下事로 委姚崇고 以

卿으로 坐鎮雅俗爾라니 崇이 旣出須臾에 裁決이 俱盡라 頗有德色야 釋義德一作得色謂容色目衿爲得志也

瀚이 未對에 崇이 顧謂紫微舍人齊瀚曰余ㅣ 爲相을 可比何人고

日何如管晏고 曰管晏之法은 雖不能施

於後나 猶能沒身니와 公所爲法을 隨復更之니 似不及也ㅣ니 崇이

日然則竟如何오 瀚曰公은 可謂救時之相이라 崇이 喜야 投

筆曰救時之相을 豈易得乎아 懷愼이 與崇로 同爲相에 自以才

不及崇으로 每事를 推之니 時人이 謂之伴食宰相이라 本傳

三年이라 春正月에 盧懷愼으로써 吏部尙書를 檢校ᄒᆞ야 黃門監을 兼케ᄒᆞ다 懷愼이
淸謹ᄒᆞ고 偸素ᄒᆞ야 貲產을 營ᄒᆞ지아니ᄒᆞ고 俸貴ᄒᆞᆷ이 卿相이되ᄂᆞᆫ 得ᄒᆞᆫ바 俸賜를
親舊의게 隨散ᄒᆞᆫ 妻子ㅣ 飢寒을 免치못ᄒᆞ고 居ᄒᆞᆫ바에 風雨를 蔽치못ᄒᆞ더라 姚崇
이 일즉 子喪이 有ᄒᆞ야 謁告十餘日에 政事ㅣ 委積ᄒᆞ되 懷愼이 能히 決치못ᄒᆞ고 惶恐
ᄒᆞ야 드러와 上에게 謝ᄒᆞᆫ되 上이 ᄀᆞᆯᄋᆞ샤ᄃᆡ 朕이 天下의 事를 姚崇의게 委ᄒᆞ고 卿으로써
坐ᄒᆞ야 雅俗을 鎭ᄒᆞ게 홈이니라 崇이 이믜 出ᄒᆞᆷ에 須臾에 裁決이 俱盡ᄒᆞ지라쟈 못德
色이 有ᄒᆞ야 紫微舍人 齊澣을 顧ᄒᆞ고 謂曰余ㅣ 相을 홈을 可히 何人에 比ᄒᆞ고 고 澣이
對ᄒᆞ지못ᄒᆞ나오 崇이 ᄀᆞᆯᄋᆞ되 管晏과 엇더ᄒᆞ뇨 고 澣이 ᄀᆞᆯᄋᆞ되 管晏의 法은 비록 能히
施ᄒᆞ지못ᄒᆞ나오 히러 能히 身을 沒ᄒᆞ며 公의 ᄒᆞᆫ바 法은 隨ᄒᆞ야다시 更ᄒᆞᄂᆞ니 似
지못ᄒᆞ니似ᄒᆞ니와 崇이 ᄀᆞᆯᄋᆞ되 如何오 澣이 ᄀᆞᆯᄋᆞ되 公은 可히 時를 救ᄒᆞᄂᆞᆫ
ᄂᆞᆫ 相이라 謂ᄒᆞ야 노라 崇이 喜ᄒᆞ야 筆을 投ᄒᆞ고 ᄀᆞᆯᄋᆞ되 時를 救ᄒᆞᄂᆞᆫ 相을 엇지 得ᄒᆞᆷ이 易
ᄒᆞ랴 懷愼이 崇으로더부러 갓치 宰相이되ᄆᆞᆺ스로 才가 崇의게 及ᄒᆞ지못ᄒᆞᆷ으로써 每
事를 推ᄒᆞ니 時人이 謂호ᄃᆡ 伴食ᄒᆞᄂᆞᆫ 宰相이라ᄒᆞ더라

山東에 大蝗ᄒᆞᆫ지라 人이 或於田旁에 焚香膜拜ᄒᆞ야 設祭而不 膜蒙은 胡人拜也ㅣ라 友遠
敢殺ᄒᆞᆯᄉᆡ 姚崇이 奏遣御史ᄒᆞ야 都督州縣ᄒᆞ야 捕而瘞之ᄒᆞ니라 議者ㅣ
以爲蝗이 衆多ᄒᆞ야 除不可盡이라ᄒᆞ야ᄂᆞᆯ 上이 亦疑之ᄒᆞ니 崇이 曰今蝗이 滿

詳密註釋通鑑諺解 卷之十二

山東에 河南北之人이 流亡殆盡ᄒᆞᄂᆡ 豈可坐視食苗ᄒᆞ고 曾不救

乎ㅣ리오 借使除之不盡이라도 猶勝養以成災니ᅌᅵ다 上이 乃從之ᄒᆞ여 盧懷

愼이 以爲殺蝗이 太多ᄒᆞ면 恐傷和氣라ᄒᆞᆯᄉᆡ 崇이 曰昔에 楚莊이 呑蛭

而愈疾ᄒᆞ고 孫叔이 殺蛇

孫叔敖爲兒時에見兩頭蛇殺而埋之ᄒᆞ고泣其母問故ᄒᆞᆫᄃᆡ敖曰聞見兩頭蛇者死ᄒᆞᆯᄉᆡ恐他人又見己殺而埋之矣母曰吾聞有陰德者天報以福汝不死也及長爲楚令尹

而致福ᄒᆞ니

不忍於蝗而忍人之飢死乎아 若使殺蝗ᄒᆞ야 有禍ㅣ면 崇이 請當

之호리라 其本傳

山東이 大蝗ᄒᆞ야 人이 或田旁에셔 香을 焚ᄒᆞ고 膜拜ᄒᆞ고 祭를 設ᄒᆞ야 敢히 殺ᄒᆞ지 못

ᄒᆞ거ᄂᆞᆯ 姚崇이 奏ᄒᆞ야 御史를 遣ᄒᆞ야 州縣에 都督ᄒᆞ야 捕ᄒᆞ야 瘞케ᄒᆞ엿더니 議者ㅣ

써 되蝗이 衆多ᄒᆞ야 除ᄒᆞ야도 可히 盡ᄒᆞᆯ 수업다ᄒᆞ거ᄂᆞᆯ 上이 ᄯᅩ 흔 疑ᄒᆞ시니 崇이 曰今

에 蝗이 山東에 滿ᄒᆞ엿ᄆᆡ 河南北사름이 流亡殆盡ᄒᆞ니 엇지 可히 坐ᄒᆞ야 苗를 食ᄒᆞᆷ

을 視ᄒᆞ고 일졀 救ᄒᆞ지 아니ᄒᆞ리오 비록 除ᄒᆞ야 盡치 못ᄒᆞ나 오히려 養ᄒᆞ야 災를 成

ᄒᆞᆷ보다 勝ᄒᆞ니ᅌᅵ다 上이 이에 從ᄒᆞ거ᄂᆞᆯ 盧懷愼이 써 되蝗을 殺ᄒᆞᆷ이 太多ᄒᆞ면 和氣

를 傷ᄒᆞᆯ가 恐ᄒᆞᆫ다ᄒᆞᆯᄉᆡ 崇이 曰昔에 楚莊이 蛭을 呑ᄒᆞ고 疾이 愈ᄒᆞ고 孫叔이 蛇를 殺ᄒᆞ

七二

福을致호얏스니엇지호고人이飢死호는티에는忍호는뇨만일蝗
을殺호야禍가有호면崇이쳥컨디當호리라

或이上言호디按察使ㅣ徒煩擾公私호니請精簡剌史縣令호고停按
察使셔쇼 上이 命召尙書省官호야 議之호니 姚崇이 以爲今止擇十
使도라猶患未盡得人이어든 況天下三百餘州縣에 多數倍나 安得
使를停호소셔上이命호야尙書省官을召호야議호니姚崇이써호되今에十使를擇홈
剌史縣令을皆稱其職乎가잇가乃止호다
或이上言호디按察使ㅣ한갓公私를煩擾호니請컨디剌史縣令을精簡호고按察使
에此止호려호더라도오히려得人치못홈을患호겟거든호물며天下三百餘州縣에數倍
(丙辰)四年마이二月에以尙書右丞倪若水로 爲汴州剌史兼
나多호니엇지실어금剌史縣令으로다其職을稱호리잇가이에止호다
河南采訪使다호고上이 雖欲重都督剌史호야選京官才望者爲之
나然이나當時士大夫ㅣ 猶輕外任이라揚州采訪使班景倩이入爲
大理少卿야야過大梁을이여若水ㅣ餞之行이라立望其行塵고久之

詳密註釋通鑑諺解 卷之十二

에返호야謂官屬曰班生此行이何異登仙이리오 本傳

四年이라二月에尙書右丞倪若水로써汴州刺史兼河南采訪使를合다上이비록都

督刺史를重이여기고ㅎ야京官에才望혼者를選호야ㅎ나그러ㅎ나當時에士

大夫ㅣ오히려外任을輕이여기ㄴ지라揚州采訪使班景倩이入호야大理少卿이되

야大梁을過호거ㄴ若水ㅣ行호믈餞호다가立호야그行塵을望호고久에이에返호

야官屬더러謂曰班生의이行호ㄴ거시登仙宮과무엇이異호리오

山東에蝗이復大起ㄴ여姚崇이又命捕之ㄴ倪若水ㅣ謂호디蝗은乃

天災오非人力所能及이어ㄴ宜修德以攘之며라ㅎ야劉聰이時에常捕

晉惠時劉聰據
平陽僭號曰漢

埋之디爲害ㅣ益甚라이拒御史호고不從其命이어ㄴ崇이牒

若水曰劉聰은僞主라德不勝妖ㅣ어니今日은聖朝라妖不勝德

古之良守ㄴ蝗不入境ㅎ니若其修德이면可免이라彼豈無德致

然가若水ㅣ乃不敢違ㄴ由是로連歲에蝗災ㅣ不至大飢니라

山東에蝗이다시大起ㅎ거ㄴ姚崇이ㄸ命ㅎ야捕ㅎ니倪若水ㅣ謂호디蝗은이에天

災오人力으로能히及ㅎ바가안이니德을修ㅎ야써攘홈이宜호다ㅎ더라劉聰이時

名源乾曜姓

에常히捕ᄒ야埋ᄒ티害ㅣ됨이더욱甚ᄒ지라御史를拒ᄒ고命을從ᄒ지안커늘崇

이若水의게牒ᄒ야曰劉聰은偏主ㅣ라德이妖를勝치못ᄒ거니와今日은聖朝ㅣ라妖가

德을勝치못ᄒ리니古의良守는蝗이境에入지안이ᄒᄂ니만일그德을修ᄒ면可

히免ᄒ지라彼가엇지德이無ᄒ야致然ᄒ미닌가若水ㅣ에敢히違ᄒ지못ᄒᄂ니是로

由ᄒ야連歲에蝗災ㅣ大飢에至치안더라

或이言於上曰今歲選叙ㅣ太濫ᄒ니縣令非才를及入謝ᄒ다니上이

悉召縣令於宣政殿庭ᄒ야試以理人策ᄒ니惟甄城令韋濟ㅣ詞

理第一이라擢爲醴泉令ᄒ고餘二百餘人은不及第라且令之官

고四十五人을放歸學問ᄒ다 出濟本傳

或이上의게言ᄒ야曰今歲에叙를選ᄒ미너머濫ᄒ니縣令의才가아님을밋入謝케

ᄒ지니이다上이縣令을宣政殿庭에召ᄒ야써人을理ᄒᄂ策을試ᄒ니오즉甄城

令韋濟의詞理가第一이라擢ᄒ야醴泉令을솜고남아지二百餘人은第에及지못ᄒ

지라ᄯ호官에之ᄒ게ᄒ고四十五人은放歸ᄒ야學問에歸케ᄒ다

六月癸亥에上皇이崩ᄒ다十二月에姚崇源乾曜ㅣ罷ᄒ고以刑部

尙書宋璟蘇頲으로同平章事를環이爲相에務在擇人고隨材授

任야使百官로各稱其職고刑賞이無私야敢犯顏正諫니上이甚

敬憚之야雖不合意나亦曲從之라突厥默啜이自則天世로爲

中國患야朝廷이旰食야傾天下之力야不能克이려郝靈荃이得

其首고（並且 緣反）自謂不世之功이어璟이以天子ㅣ好武功이라恐好

事者ㅣ競生心徼倖야痛抑其賞고逾年에始授郞將니靈荃

이慟哭而死니라（出本傳）

六月癸亥에上皇이崩다十二月에姚崇과源乾曜ㅣ罷고刑部尙書宋璟과蘇頲

으로써平章事를同히다璟이相이되야務가人을擇는티在고材를隨야任

을授야百官으로야금各其職을稱게고刑과賞이私가無야敢히顏을

犯야正諫니上이甚히敬憚야비록意에合지아니나또曲히從야더

라突厥默啜이中國의患이되야朝廷이旰食야天下의力을傾야

能히克지못더니郝靈荃이其首를得고스스로世에업는功이라謂야璟

이써天子ㅣ武功을好다야事를好는者ㅣ徼倖에心을競生델가恐야其賞

을痛抑ᄒᆞ고年이逾ᄒᆞ매비로소邪將을授ᄒᆞ니靈荃이痛哭ᄒᆞ고死ᄒᆞ다

姚宋이相繼爲相ᄒᆞᆫ에崇은善應變成務ᄒᆞ고璟은善守法持正ᄒᆞ니二

人이志操ㅣ不同이나然이나恊心輔佐ᄒᆞ야使賦役로寬平ᄒᆞ고刑罰을淸

省ᄒᆞ니百姓이富庶ᄒᆞ야唐世賢相을前稱房杜ᄒᆞ고後稱姚宋ᄒᆞ야他人은

莫得比焉이라ᄒᆞ이ᄂᆞ二人이每進見에上이輒爲之起가라去則臨軒送之

ᄒᆞ니러及李林甫ㅣ爲相에雖寵任이過於姚宋이나然이나禮遇ㅣ殊卑薄

矣라 出本傳

姚와宋이서로繼ᄒᆞ야相이되민崇은善히變을應ᄒᆞ고務를成ᄒᆞ고璟은善히法을守

ᄒᆞ고正을持ᄒᆞ니二人의志操가同ᄒᆞ지아니ᄒᆞ나그러ᄒᆞ나心을恊ᄒᆞ고輔佐ᄒᆞ야賦

役으로곰寬平히ᄒᆞ고刑罰을淸省ᄒᆞ니百姓이富庶ᄒᆞ야唐世의賢相을前의進

房杜를稱허더니後에ᄂᆞ姚宋을稱ᄒᆞ야他人은실어금比치못ᄒᆞ더라二人이매進

ᄒᆞ야見득ᄒᆞ미上이문득起라가去ᄒᆞᆫ즉軒에臨ᄒᆞ야送ᄒᆞ더니밋李林甫ㅣ相이되민비

룩寵任이姚와宋보담過ᄒᆞ나그러ᄒᆞ나禮로遇ᄒᆞ미쟈못卑ᄒᆞ고薄ᄒᆞ더라

(丁巳)五年이라春正月癸卯에太廟四室이壞ᄒᆞ얼늘上이素服도避正

詳密註釋通鑑諺解 卷之十二

殿ᄒᆞᆫ時에 上이 將幸東都ᄒᆞᆯᄉᆡ 以問宋璟蘇頲ᄒᆞᆫᄃᆡ 對曰災異ᅵ 爲戒니

願且停車駕ᄒᆞ쇼셔 又問姚崇ᄒᆞᆫᄃᆡ 對曰太廟屋材ᄂᆞᆫ 皆苻堅時物이라이

歲久朽腐而壞ᄒᆞ야 適與行期로 相會ᄒᆞ니 何足異也ᅵ리잇고 上이 大喜

從之ᄒᆞ다 出本傳

五年이라 春正月癸卯에 太廟四室이 壞ᄒᆞ거늘 上이 素服으로 正殿에 避ᄒᆞ다ᄯᅵ에 上
이 장ᄎᆞ 東都에 幸ᄒᆞᆯᄉᆡ써 宋璟과 蘇頲더러 問ᄒᆞᆫᄃᆡ 對ᄒᆞᄃᆡ 對ᄒᆞ야 曰災異ᅵ 戒홈이되니 願컨
ᄃᆡᄯᅩ 車駕를 停ᄒᆞ소셔 ᄯᅩ 姚崇의게 問ᄒᆞᄃᆡ 對ᄒᆞ야 曰太廟屋材ᄂᆞᆫ 다 苻堅의 時物이
라 歲가 久ᄒᆞ야 朽ᄒᆞ고 腐ᄒᆞ야 壞ᄒᆞ야 맛참 行期로더부러서 會ᄒᆞ얏스니 何가 足히
異ᄒᆞ리잇고 上이 大喜ᄒᆞ야 從ᄒᆞ다

貞觀之制에 中書門下及三品官이 入奏事에 必使諫官으로 隨

之ᄒᆞ라 有失則匡正ᄒᆞ고 美惡을 必記之라 諸司ᅵ 皆於正衙奏事에

御史ᅵ 彈百官ᄒᆞᆯᄉᆡ 服豸冠ᄒᆞ고 多宅買反獬豸也獸名異物志東北荒中有獸名獬豸一角性忠直人鬭則觸不直者聞人論則咋不正者楚懷王嘗獲之以爲冠執法 對仗ᄒᆞ야 讀彈文故로 大臣이 不得專君而小臣

者服之故名法冠一曰柱後惠
文高五寸一纏爲展筒鐵柱卷

七八

이不得爲讒慝이리 及許敬宗李義府ㅣ用事에 政多私僻야 奏

事에 多俟仗下야 於御座前에 屛左右고 密奏니 監奏御史及待

制官이 遠立以俟其退고 諫官史官이 皆隨仗出니 仗下後事ㅣ

不復預聞이라 武后ㅣ以法으로 制羣下니 諫官御史ㅣ 得以風聞으로

言事고 自御史大夫로 至監察히 得互相彈奏야 率以險詖로 相

傾覆니 及宋璟이 爲相에 欲復貞觀之政야 制自今으로 事非的

오이須秘密者를 皆令對仗奏聞고 史官이 自依故事더라 〔出百官志〕

貞觀의制에 中書門下와밋三品官이入야 事를奏홀미반다시諫官으로야금隨

야얏다가失홈이有혼즉匡正고美惡를반다시記하는지라諸司ㅣ다正衙에셔事

를奏홀미御史ㅣ百官을彈홀시豸冠을服고對仗야彈文을讀하는故로大臣이

君을專홈을得지못고小人이讒홈을得지못더니許敬宗과李義府ㅣ

事를用홈이多고政을私홈이多야私僻이多야事를奏호미御座前에左右를

屛고密홈을奏며監奏御史와밋待制官이멀니立야써그退홈을俟고諫官

史官이다仗을隨야出고仗下後事ㅣ다시預聞지못하는지라武后ㅣ法으로

括檢也

(自首)有
罪自陳曰
首

써羣下를制ᄒᆞ니諫官御史ㅣ실어금風聞으로써事를言ᄒᆞ고御史大夫로붓터監察
에至ᄒᆞ기互相彈奏ᄒᆞᆷ을得ᄒᆞ야도모지險諛하더니밋宋璟이相이되
민貞觀의制를復ᄒᆞ고조ᄒᆞ야制ᄒᆞᄃᆡ이제로붓허事가的ᄒᆞᆫ지안코須히秘密ᄒᆞᆫ者를
다對仗으로ᄒᆞ야금奏聞ᄒᆞ고史官이스스로故事를依ᄒᆞᆯ지라ᄒᆞ더라

(辛酉)九年라春에 監察御史宇文融이 上言ᄒᆞᄃᆡ 天下戶口ㅣ逃
移ᄒᆞ야 巧僞甚衆ᄒᆞ니 請加檢括이라ᄒᆞ야지 二月에 勅有司ᄒᆞ야議招集流移
고按詰巧僞之法ᄒᆞ야以聞ᄒᆞ다

九年이라春에監察御史宇文融이言을上ᄒᆞᄃᆡ天下의戶口ㅣ逃移ᄒᆞ야巧僞ᄒᆞᆷ이甚
히衆ᄒᆞ니請컨딘檢括을加ᄒᆞ야지이다二月에有司의게勅ᄒᆞ야流移를招集ᄒᆞ고
巧僞를按詰ᄒᆞᄂᆞᆫ法을議ᄒᆞ야ᄡᅥ聞ᄒᆞ다

制ᄒᆞᄃᆡ州縣逃亡戶口를聽百日自首ᄒᆞ야 或於所在에 附籍ᄒᆞ고 或牒
歸故鄕ᄒᆞ야 各從所欲ᄒᆞᄃᆡ 過期不首ㅣ면 即加檢括ᄒᆞ야 謫徙邊州ᄒᆞ고 公
私에 敢容庇者는 抵罪라ᄒᆞ야 以字文融으로充使ᄒᆞ야 括逃移戶口及籍
外田ᄒᆞ니 所獲巧僞ㅣ 甚衆을이어 遷兵部員外郎兼侍御史ᄒᆞ다 融이

奏ᄃ호置勸農判官十人ᄒᆞ야並攝御史ᄒᆞ야分行天下ᄒ야其新附客

戶ᄂᆫ免六年賦調ᄒ니使者ㅣ競爲刻急ᄒ야州縣이承風勞擾ᄒ라百

姓이苦之ᄒ라州縣이希旨ᄒ야務於獲多ᄒ야虛張其數ᄒ야或以實戶로

爲客ᄒᆞ니凡得戶ㅣ八十餘萬이오田亦稱是ᄒ니라 本傳

制ᄒ호ᄃᆡ州縣의逃亡戶口를百日에自首ᄒᆞᆷ을聽ᄒ야或在ᄒᆞᆫ바에籍을附ᄒ고或故

鄕의籍歸ᄒ야各기허고ᄌᆞᄒᆞᄂᆞᆫ바를從케ᄒᆞᄃᆡ公과私의敢히庇를容ᄒᆞᄂᆞᆫ者ᄂᆞᆫ罪에

抵ᄒ라宇文融으로ᄡ어使에充ᄒ야逃移戶口와밋籍外田을括ᄒᆞᆫᄃᆡ獲ᄒᆞᆫ바ㅣ巧僞ㅣ심

ᄒᆡ衆ᄒ거늘兵部員外郎에遷ᄒ야侍御史를兼ᄒ야다ᄒ티勸農判官十人

과並攝御史를置ᄒ야天下에分行ᄒ야ᄀ新으로客戶에附ᄒᆞᆫ者ᄂᆞᆫ六年賦調를免ᄒ

니使者ㅣ닷투어刻急ᄒᆞᆷ을ᄒᆞ야州縣이風을承ᄒ야勞擾ᄒᆞᄂᆞᆫ지라百姓이苦ᄒᆞᄃᆞ라

州縣이希旨ᄒ야獲多ᄒᆞᆷ을務ᄒ야其數를虛張ᄒ야或實戶로ᄡ어客戶를合ᄒᆞ니무릇

戶를得ᄒ미八十餘萬이요田도쏘ᄒᆞᆯ이是를稱ᄒᆞᄃᆞ라

蒲州刺史陸象先이政尙寬簡ᄒ야吏民이有罪ᄒ면多曉諭遣之ᄒ고

嘗謂人日天下에本無事ᄒ어늘但庸人이擾之爾니苟淸其源ᄒ면何

憂不治리요 出本傳

蒲州刺史陸象先이政에寬簡홈을尙ㅎ야吏民이罪가有ㅎ면만이曉諭ㅎ야遣ㅎ고

人의게嘗謂曰天下에本히事가無ㅎ거늘다만庸人이擾홈이니진실노其源을淸ㅎ

면엇지治히지못홈을憂ㅎ리요

著作郎吳兢이撰則天實錄ㅎ야言宋璟이激張說使證魏元忠

事說이修史가見之ㅎ고陰祈兢改數字ㅎ니兢이終不許曰若循

公請則此史는不爲直筆이니何以取信於後리요 出劉子玄傳

著作郎吳兢이則天實錄을撰ㅎ야言ㅎ되宋璟이張說을激ㅎ야今魏元忠의事

를證ㅎ엿더니說이史를修ㅎ다가見ㅎ고陰히兢에게數字를改ㅎ야기를祈ㅎ엿더니

兢이終ㅎ니許ㅎ지아니ㅎ고曰만일公의請을循ㅎ죽此史는直筆이아니니엇지써信

을後에取ㅎ리오

(壬戌)十年라이初에諸衛府兵이自成丁從軍로六十而免其家

不免雜徭ㅎ니寖以貧弱ㅎ야逃亡略盡라이百性이苦之어張說이建

議請召募壯士ㅎ야充宿衛ㅎ고不問色役ㅎ야優爲之制면通逃者

蒲同岐華四州名

一必爭出應募이랴리上이從之니러旬月에得兵十三萬야分隷諸衛

야호更番上下니호兵農之分이自此始矣러라 [出張說傳及兵志]

十年이라初에諸衛府兵이丁을成야軍을從홈으로브터六十에其家를免호고雜

徭를免치아니호니자못貧弱야逃亡호야略盡호는지라百姓이苦호거늘張說

이議를建호디請컨디壯士를召募호야宿衛를充호고色役을不問호야優히制호면

逃호者ㅣ반다시爭出應募호리니上이從호엿더니旬月에兵十三萬을

得호야諸衛에分隷호야上下에番을更호니兵農의分이此로붓허始호엿더라

(癸亥)十一年이라秋八月에勅디前令檢括逃人이慮成煩擾라

天下ㅣ大同宜各從所樂야令所在州縣로安集야遂其生業

十一年이라秋八月에勅호디前令檢括逃人이慮ㅣ煩擾를成호지라天下ㅣ大同하

니맛당이各기樂호所를從호야곰在호바州縣에安集호야其生業을遂케호라

命尚書左丞蕭嵩야與京兆蒲同岐華州長官으로選府兵과及

白丁一二萬야謂之長從宿衛야라호

니丁一二萬을選호야一年에兩番더호州縣에

毋得雜役使호다　志　出兵

尙書左丞蕭嵩을命호야京兆蒲同岐華州長官으로더부러府兵과밋白丁一十二萬

을選호야謂호되長從宿衞라호야一年에兩番을호되州縣에雜役使를得홈이毋호

게호다

是歲에張說이奏야改政事堂曰中書門下고라호列五房於其後

야分掌庶政호다

是歲에張說이奏호야政事堂을改호야曰中書門下라호고五房을그後에列호야庶

政을分掌호게호다

(甲子)十二年이라六月에制호되聽逃戶自首야關所在閑田야隨

宜收稅야母得差科고征役租庸을一皆蠲免호고仍以字文融

으로爲勸農使야巡行州縣야與吏民으議定賦役다融이乘驛고周

流天下에事無大小히諸州ㅣ先牒上勸農使後에申中書니라省

司ㅣ亦待融指擬然後에處決라더時에上이將大壤四夷고急於

用度ㅣ라 州縣이 畏融ᄒ야 多張虛數ᄒᆞᆫ에 凡得客戶八十餘萬이오 田亦

稱是ᄒ니 歲終에 增緡錢數百萬이라 悉進入宮ᄒᆞ니 由是로 有寵ᄒ더라 議

者ㅣ 多言煩擾ᄒ야 不利百姓ᄒᆞᆯᄉᆡ 上이 令集百寮於尙書省ᄒᆞ야 議

之ᄒ신ᄃᆡ 公卿以下ㅣ 畏融威勢ᄒ야 不敢立異ᄒ더 惟戶部侍郞楊瑒이 徵籍

丑亮
及

獨建議ᄒ야 以爲括客免稅ᄂᆞᆫ 使百姓으로 困弊라 所得이 不補所失

釋義見存籍內者爲正田籍外
括出者爲羨田皆民所隱匿者

釋義括檢也客謂避
役逃戶非土著也

不利居人이오

外田稅ᄂᆞᆫ 出爲華州刺史다
出融傳及
食貨志

이니이다 未幾에 瑒이 出爲華州刺史다

十二年이라 六月에 制ᄒ디 逃戶가 自首ᄒᆞᆯ 聽ᄒ야 在ᄒᆞᆫ바 門田을 闕ᄒ야 宜ᄒᆞᆯ 隨

ᄒ야 稅를 收ᄒ야시러 금科에 差ᄒᆞᆷ이 無ᄒ고 征役租庸을 蠲免ᄒ라ᄒ고

仍히 宇文融으로써 勸農使를 合아 州縣에 巡行ᄒ야 吏民으로더부러 議役을

定케ᄒ다 融이 驛을 乘ᄒ고 天下에 周流ᄒ야 事ㅣ 大小가업시 諸州ㅣ先하 牒을 勸農

使의게 上ᄒ後에 申ᄒ니 省司ㅣ ᄯᅩᄒ 融의 指撝를 待ᄒ야然後에 決ᄒ며 處ᄒ더라

上이 증ᄎᆞ 四夷를 大攘ᄒ고 用度에 急ᄒ지라 州와 縣이 融을 畏ᄒ야ᄆᆞ니 虛數를 張ᄒ

야 무릇 得ᄒ客戶八十餘萬이오 田도 ᄯᅩ 是를 稱ᄒ니 歲가 約ᄒ에 緡錢數百萬이 增

詳密註釋通鑑諺解 卷之十二

使司勸農
使司也

호지라다 進ᄒᆞ야 宮에 入ᄒᆞ니 由是로 寵이 有ᄒᆞ더라 議ᄒᆞᄂᆞᆫ者ㅣ마니 煩擾ᄒᆞ야 百姓에 利ᄒᆞ지못홈을 言ᄒᆞ거늘 上이 百寮로ᄒᆞ야곰 尙書省에 集ᄒᆞ야 議ᄒᆞ니 公卿以下ㅣ融의 威勢ᄅᆞᆯ 畏ᄒᆞ야 敢히 異ᄅᆞᆯ 立ᄒᆞ지못ᄒᆞ되 오즉 戶部侍郞 楊瑒이 獨히 議ᄅᆞᆯ 建ᄒᆞ야ᄡᅥᄒᆞ되 括客은 居人에 稅ᄅᆞᆯ 免홈은 籍外田稅ᄅᆞᆯ 徵홈은 百姓으로ᄒᆞ야곰 困弊케홈이라 所失을 補치못ᄒᆞᆯ지니다 未幾에 瑒이 出ᄒᆞ야 華州刺史가 되다

(乙丑)十三年이라이二月에 以御史中丞宇文融으로 兼戶部侍郞ᄒᆞ고 制以所得客戶稅錢으로 均充所在常平倉本ᄒᆞ고 又委使司ᄒᆞ야 與州縣로議作勸農社ᄒᆞ야 使貧富로 相恤ᄒᆞ고 耕耘以是ᄒᆞ다 〇出食貨志

十三年이라二月에 御史中丞宇文融으로ᄡᅥ戶部侍郞을 兼ᄒᆞ고 制ᄒᆞ야 得ᄒᆞᆫ바客戶稅錢으로ᄡᅥ 在ᄒᆞᆫ바常平倉本에 均充ᄒᆞ고 또 使司ᄅᆞᆯ 委ᄒᆞ야 州縣으로더부러 勸農社ᄅᆞᆯ 議作ᄒᆞ야 貧富로ᄒᆞ야곰 서로 恤ᄒᆞ고 是로ᄡᅥ 耕耘케ᄒᆞ다

更命長從宿衛之士曰彍騎 分隸十二衛ᄒᆞ니 總十二萬人이라 爲六番ᄒᆞ다 〇出兵

釋義擴苦郭反滿張弩也〇騎一日射驕其法十人爲火五火爲團皆有酋長又擇材勇者爲番頭習弩射

다시 長從宿衛의 士ᄅᆞᆯ 命ᄒᆞ야 曰彍騎라ᄒᆞ고 十二衛ᄅᆞᆯ 分隸ᄒᆞ니 總히 十二萬人이라

六番을ᄒᆞ다

張說이草封禪儀ᄒᆞ야獻之ᄒᆞ다

張說이封禪儀ᄅᆞᆯ草ᄒᆞ야獻ᄒᆞ다

十一月庚寅에上이祀昊天上帝於山上ᄒᆞ고羣臣은祀五帝百
神於山下之壇ᄒᆞ고其餘ᄂᆞᆫ倣乾封故事ᄒᆞ다 出禮樂志

十一月에庚寅에上이昊天上帝ᄅᆞᆯ山上의셔祀ᄒᆞ고羣臣은五帝百神을山下의壇의
셔祀ᄒᆞ고其餘ᄂᆞᆫ乾封故事ᄅᆞᆯ倣ᄒᆞ다

初에隋末에國馬ᅵ皆爲盜賊及戎狄所掠이려唐初에纔得牝
牡三千四於赤岸澤ᄒᆞ야徙之隴右ᄒᆞ고命大僕張萬歲ᄒᆞ야掌之ᄒᆞ니萬
歲ᅵ善於其職ᄒᆞ야自貞觀으로至麟德히馬ᅵ蕃息ᄒᆞ야及七十萬四ᅵ라
分爲八坊四十八監ᄒᆞ야各置使以領之ᄒᆞ니是時에天下ᅵ以一
縑으로易一馬ᅵ러니垂拱以後에馬ᅵ潛耗太半이라上이初卽位에牧馬
ᅵ有二十四萬四ᅵ어늘以大僕卿王毛仲으로爲內外閑廏使ᄒᆞ고少

卿張景順으로副之러니至是에有馬四十三萬匹이오牛羊이稱是라

上이之東封야以牧馬數萬匹로從色別爲羣니望之如雲錦이라 出兵 志

上이嘉毛仲之功야加毛仲開府儀同三司다

初에隨末에國馬ㅣ다盜賊과밋戎狄의掠혼바가되얏더니唐初에牝牡三千四를赤岸澤에셔纔得야隴右에徙고太僕張萬歲를命야掌케야萬歲ㅣ其職에善야貞觀으로붓허麟德에至기馬ㅣ蕃息야七十萬匹에及지라分야八坊四十八監을두야各기使를置야領케니是時에天下ㅣ一縑으로一馬를易더니垂拱써後에馬ㅣ太半이늬潛耗혼지라上이쳐음으로位에即야牧馬ㅣ二十四萬匹이有거늘太僕卿王毛仲으로내外의閑廐使를合고少卿張景順으로副들合야是에至야馬ㅣ四十三萬匹이有고牛羊도是를稱혼지라上이東封에之야牧馬數萬匹로써色을從야別야羣을고望호매雲錦과如호지라上이毛仲의功을嘉히여여毛仲에게開府儀同三司를加다

上이還至宋州야宴從官於樓上셔刺使寇泚ㅣ預焉이라酒酣에

上이謂張說曰曩者에屢遣使臣야分巡諸道야察吏善惡이러니

今因封禪ᄒᆞ야歷諸州ᄒᆞ야乃知使臣이負我多矣로라

上이宋州에還至ᄒᆞ야從官을樓上의셔宴ᄒᆞᆯ시刺史寇泚ㅣ預ᄒᆞᆫ지라酒酣애上이張

說더러謂ᄒᆞ야曰鄕者에使臣을屢遣ᄒᆞ야諸道애分巡ᄒᆞ야吏의善惡을察ᄒᆞ엿더니

今에封禪을因ᄒᆞ야諸州에歷ᄒᆞ니乃히使臣이我를負홈이多홈을知ᄒᆞ엿로라

十六年이라曠騎를改ᄒᆞ야左右羽林軍飛騎ᄅᆞᆯ삼다

(戊辰)十六年라이改曠騎ᄒᆞ야爲左右羽林軍飛騎ᄒᆞ다 出兵志

(己巳)十七年라이宇文融의性이精敏ᄒᆞ야應對辯給ᄒᆞ야以治財賦로

得幸於上ᄒᆞ야始廣置諸使ᄒᆞ야 王氏日時置立括田等使二十九人 競爲聚歛ᄒᆞ니由是로百

官이寢失其職而上心이益侈ᄒᆞ니百姓이皆怨苦之ᄒᆞ더라爲人이踈

躁多言ᄒᆞ고好自矜代ᄒᆞ야在相位에謂人曰使吾로居此數月則

海內ㅣ無事矣라ᄒᆞ더니凡爲相百日而罷ᄒᆞ니是後에言財利로以取

貴仕者ㅣ皆祖於融이러라 出本傳

十七年이라字文融의性이精ᄒᆞ고敏ᄒᆞ야應對에辯이給ᄒᆞ야財賦를治홈으로써幸

홈을上의게得ᄒᆞ야廣히諸使를置ᄒᆞ야競ᄒᆞ야取歛ᄒᆞ니是로由ᄒᆞ야百官이其職을

淺失ᄒ고上心이더욱侈ᄒ니百姓이다怨ᄒ고苦ᄒ더라爲人이踈ᄒ고燥ᄒ야言이

多ᄒ고스스로矜伐ᄒ기를好ᄒ야相位에在ᄒ민人더러謂曰吾ㅣ今此에數月

을居ᄒ매ᄒ면곳海內ㅣ事가無ᄒ게다ᄒ더니무릇相ᄒ된지百日에罷ᄒ니是後에財利

로써貴ᄒ仕를取ᄒ음言ᄒᄂ者ㅣ다齘에祖ᄒ더라

(庚午)十八年이라四月에以裴光庭으로兼吏部尙書ᄒ다先時에選

司ㅣ注官에惟視其人之能否ᄒ야或不次超遷ᄒ고或老於下位ᄒ야

有出身二十餘年에不得祿者ᄒ고又州縣에亦無等級ᄒ고或自

大入小ᄒ고或初近後遠ᄒ야皆無定制러니光庭이始奏ᄒ야用循資格

高者ᄂ選少ᄒ고卑者ᄂ選多ᄒ야無問能否ᄒ고選滿則注ᄒ고限年躡官이

各以罷官으로若干選而集ᄒ고〔釋義各以謂下文官高者卑者也罷官謂罷劇就閑者也若干數未定之辭不拘多少爲一選聚集而銓注也〕

級ᄒ야毋得踰越ᄒ고非負譴者면皆有升無降ᄒ니其庸愚沈滯者ㅣ

皆喜ᄒ야謂之聖書而才俊之士ᄂ無不怨歎이러니宋璟이爭之不

能得ᄒ다 出選擧志及光庭傳

十八年이라四月에裴光庭으로써吏部尙書를兼ᄒ다先是에選司ㅣ官에注ᄒ야오

죽그人의能과否를視 호야或不次로超遷 호고或下位에老 호야出身 호지二十餘年

에祿을得지못 호자가有 호고州縣에 等級이無 호고或大로부터小에入 호고

或近에初 호고遠 호야有 호다定制가無 호더니光庭이비로소奏 호 도資格을用 호야循

야各기罷官 으로써若干을選 호야集官 호 도高 호者 도選이少 호고卑 호者 도喜

多 호야能否를無問 호고選이滿 호則年을限 호야 시러금蹠越치

못 호고責譴 호者가아니면 다升이有 호고降이無 호케 호니그庸愚의沈滯 호者 도

호야聖書 라謂 호 도才俊의士 도怨歎 치안 도이가無 호지라宋璟이爭 호 도能히得지

못 호다

是歲에天下 ㅣ 奏死罪 ㅣ 止二十四人이러라 出刑法志

是歲에天下 ㅣ 死罪를奏홈이二十四人에止 호더라

是時에上이頗寵任宦官 호야往 호야爲三品將軍 호야門施棨戟 호고 棨戟 彌反

奉使 ㅣ 過諸州에官吏 ㅣ 奉之를惟恐不及 호니所得遺略 ㅣ 少者 도 遺遣

不減千緡이라由是로京城第舍郊畿田園參牛이皆宦官矣러라

楊思勗과高力士 ㅣ 尤貴幸 호야思勗은屢將兵征討 호고力士 ㅣ 常

居中侍衛 호니四方表奏를皆先呈力士然後에奏御 호고事 ㅣ 小

（十哲）
張良　孫武　田穰苴　樂毅　吳起　韓信　白起　諸葛亮　李靖　李勣也

者는力士ㅣ即決之니勢傾內外ㅣ라然이나力士ㅣ小心恭恪故도上

是時에上이자못宦官을寵任하야往往히三品將軍을合어셔門에綮戟을施하고奉
使ㅣ諸州를過하미官吏가奉홈을오쥭不及홀가恐하니得혼바遺賂ㅣ少혼者는千
緡에不減혼지라是로由하야京城第舍郊畿田園參半이다宦官이라楊思勗과高力
士는더욱貴幸하야思勗은여러번兵을將하고征討하고力士는상히中에居하야侍
衛하니四方의表奏를다力士에게先呈혼然後에御에奏호되事ㅣ小혼者는力士가
곳決하니勢가內外에傾혼지라然이나力士ㅣ心을小히하고恭恪혼故로上이맛참

이終親任之라者傳 <small>出宦者傳</small>
이親任하더라

（辛未）十九年이라三月에初令兩京諸州하야各置太公廟하야以張
良로配饗하고選古名將하야以備十哲하고以二八月上戊로致祭를

如孔子禮하다 <small>出禮樂志</small>
十九年이라二月에初로兩京諸州에令하야各히太公廟를置하야張良으로配饗
하고古의名將을選하야써十哲을備하고二八上戊로써致祭하기를孔子의禮와如
히하다

温公曰經緯天地之謂文<small>緯于貴反釋義緯橫絲也南北為經東西為緯</small>戡定禍亂之謂武<small>釋義戡</small>自古不兼斯二

者而稱聖人未之有也故黃帝堯舜禹湯文武伊尹周公莫不有征伐之功孔子雖不試<small>却費人</small>

猶能兵萊夷<small>萊郞才反釋義萊齊東夷也孔子相魯定公會齊侯于夾谷齊使萊人以兵刦公孔子以公退曰士兵之両君為好裔夷之俘敢以兵亂之非齊君所以命諸侯齊侯心怍</small>

<small>費兵媚反</small>曰吾戰則克豈孔子專文而太公專武乎孔子所以祀於學者禮有先聖先師故也

自生民以來未有如孔子者豈太公得與之抗衡哉古者有發<small>釋義發謂之</small>則命 大司徒敎

士以車甲贏股肱決射御受成獻馘<small>古復反釋義馘所格者之左耳</small>莫不在學所以然者欲其先禮義而

後勇力也君子有勇而無義為亂小人有勇而無義為盜若專訓之以勇力而不使之知

禮義奚所不為矣自孫吳以降皆以勇力相勝狙詐相高豈足以數於聖賢之門而謂之

武哉乃復誣引以偶十哲之目為後世學者之師使太公有神必羞與同食矣

(癸酉)二十一年이라 三月甲寅에 以韓休로 為黃門侍郞同平

章事하다 休의 為人이 峭直하야 不干榮利러니 及為相에 甚允時望이라 始

嵩이 以休로 恬和야 謂其易制故로 引之러니 及與共事에 休ㅣ守

正不阿하니 嵩이 漸惡之러라 宋璟이 歎曰不意韓休ㅣ乃能如是라하더라

上이 或宮中宴樂파 及後苑遊獵에 小有過差면 輒謂左右호대 韓

休ㅣ知否아言終에諫疏ㅣ已至이늘上이嘗臨鏡默然不樂ᄒᆞ니左右
ㅣ曰韓休ㅣ爲相에陛下ㅣ殊瘦於舊ᄒᆞ시니何不逐之시니잇고上이歎
曰吾貌ㅣ雖瘦나天下는必肥리라蕭嵩이奏事에常順旨ᄒᆞ니旣退에
吾ㅣ寢不安ᄒᆞ고韓休ㅣ常力爭ᄒᆞ니旣退에吾寢이乃安이라吾ㅣ用韓
休는爲社稷耳오非爲身也로라 出休等傳

二十一年이라三月甲寅에韓休로써黃門侍郞을숨어平章事를同히ᄒᆞ다休의爲人
이峭直ᄒᆞ야榮利를干치안터니밋相이되ᄆᆡ甚히時望에允ᄒᆞ더라始에嵩이써休ㅣ
恬ᄒᆞ고和ᄒᆞ야그制ᄒᆞ기가易ᄒᆞ다謂ᄒᆞᆫ고로引ᄒᆞ얏더니밋더부러事를共ᄒᆞᄆᆡ休ㅣ
正을守ᄒᆞ고阿ᄒᆞ지아니ᄒᆞ니嵩이漸히惡ᄒᆞ더라宋璟이歎ᄒᆞ야曰韓休ㅣ이에能히
如是ᄒᆞᆷ을意치못ᄒᆞ엿도다上이或宮中宴樂과밋後苑遊獵에小히過差가有ᄒᆞ면
문득左右더러謂호ᄃᆡ韓休ㅣ知야否아言을終ᄒᆞᄆᆡ諫ᄒᆞ는疏가이미至ᄒᆞ거늘上이
일즉鏡을臨ᄒᆞ야默然이樂ᄒᆞ지아니ᄒᆞ니左右ㅣ曰韓休ㅣ相이되ᄆᆡ陛下ㅣ자못舊
보다瘦ᄒᆞ시니엇지ᄒᆞ야逐지안는잇고上이歎ᄒᆞ야曰吾貌는비록瘦ᄒᆞ는天下는반
다시肥ᄒᆞ리라蕭嵩이事를奏ᄒᆞᄆᆡ當히旨를順ᄒᆞ니이미退ᄒᆞᄆᆡ吾ㅣ寢이安치못ᄒᆞ
고韓休가常히力으로爭ᄒᆞ니이미退ᄒᆞᆷ에吾ㅣ寢호미이에安ᄒᆞᆫ지라吾ㅣ韓休를用

홈은社稷을위홈이요身을위홈이아니로다

六月에 制호딕自今으로選人이 有才業操行이어든 委吏部호야臨時에 擢
用流外호고奏申호야 不復引過門下라 雖有此制나而有司ㅣ以循
資格이便於己야 猶踟行之눈 是時에 官自三師以下ㅣ一萬七
千六百八十六員이오 吏自佐史以上ㅣ五萬七千四百一十
六員라이入仕之塗ㅣ甚多야不可勝紀라 出選學志

十月에 以京兆尹裴耀卿으로 爲黃門侍郎고 張九齡으로 爲中書
侍郎호야 並同平章事호다

六月에制호딕自今으로選人이才操行이有호거든吏部에委호야臨時에流外에
擢用호고奏申호디다시門下에引過호지말나비룩此制가有호느有司ㅣ써資格이
己에便호을循호야猶히踟行호니是時에官이三師以下로붓허一萬七千六百八十
六員이요吏ㅣ佐史以上으로붓허五萬七千四百二十六員이라入仕호는塗가심이
多호야可히勝紀호수업더라

十月에京兆尹裴耀卿으로黃門侍郎을合고張九齡으로中書侍郎을合어並히平章

詳密註釋通鑑諺解　卷之十二

事를同케호다

是歲에分天下호야為京畿都畿
京畿采訪使治京城
都畿采訪使治東都
關內河南河東河
北隴右山南東道山南西道劍南淮南江南東道江南西
道黔中嶺南凡十五道고各置采訪使호야以六條로檢察非法
호다

出地理志釋義師古曰漢官典職儀云刺史班宣周行郡國以六條問事非條
所問卽不省也一條強宗豪右田宅踰制以彊陵弱以衆暴寡二千石不
奉詔書遵承典制倍公向私旁詔守利侵漁百姓聚斂為奸三條二千石不
卹疑獄風厲殺人怒則任刑喜則淫賞
剗截黎元四條選署不平苟阿所愛蔽賢寵頑五條二千石子弟特怙榮勢請託所監六條二千石違公下

六條로써非法을檢察호다

是歲에天下를分호야京畿、都畿、關內、河南、河東、河北、隴右、山南東道、山南西
道、劍南、淮南、江南東道、江南西道、黔中、嶺南凡十五道를호야采訪使를各置호야

(甲戌)二十二年이라吏部侍郎李林甫ㅣ柔佞多狡야數深結

貨賂割損正令
比阿附豪強通行

宦官及妃嬪家야伺候上動靜야無不知之다由是로每奏對에

嘗稱旨니上이悅之야擢為禮部尚書야與裴耀卿張九齡로同

中書門下三品ᄒᆞ다 出本傳

二十二年이라 吏部侍郎李林甫ㅣ 柔佞ᄒᆞ고 狡가多ᄒᆞ야 져 조宦官과 밋妃嬪家를 深

結ᄒᆞ야 上의動靜을 伺侯ᄒᆞ야 知치못ᄒᆞ미 無ᄒᆞ지라 由是로 민양奏對ᄒᆞ매 甞히旨를 啓

稱ᄒᆞ니 上이悅ᄒᆞ야 擢ᄒᆞ야 禮部尙書를 合야 裴耀卿과 張九齡으로더부러 中書門下

三品을同케ᄒᆞ다

(乙亥)二十三年이라 上이御五鳳樓ᄒᆞ야 酺宴ᄒᆞᆯ시 *釋義酺音蒲布也王德布大飲酒也又漢律三人已上無故羣飲罰金四* 命三百里內刺史縣令ᄒᆞ야 帥所部音樂ᄒᆞ고

集於樓下ᄒᆞ야 各較勝負ᄒᆞ니 懷州刺史ㅣ以車로 載樂工數百ᄒᆞ야 皆

衣文繡ᄒᆞ고 服箱之牛ㅣ皆爲虎豹犀象之狀이러호 魯山令元德秀

惟遣樂工數人ᄒᆞ야 連袂歌于蔿ᄒᆞᆯ이러 *狋委反釋義於蔿歌反也元德秀所作帝聞而異一歌曰賢人之言哉通鑑考異曰明皇雜錄作于蔿新傳作于偽此義未詳今從雜錄* 歌曰

上이曰懷州之人은 其塗炭乎ㅣ져 立以刺史로 爲散官

德秀ㅣ性이 介潔質樸ᄒᆞ니 士大夫ㅣ皆服其高ᄒᆞ더라

二十三年이라 上이五鳳樓에 御ᄒᆞ야 酺宴ᄒᆞ실시 三百里內刺史縣令을 命ᄒᆞ야 所部音

〈奚契丹〉
奚之先東
胡宇文氏
契之別種
丹所併爲

樂을師ᄒ고樓下에集ᄒ야各기勝을貪을較ᄒ니懷州刺史ㅣ軍로州써樂工數百을載ᄒ

야다文繡를衣ᄒ고服箱의牛를다虎豹犀象의狀을ᄒ야魯山令元德秀ᄂ樂工數人

을遣ᄒ야秩을連ᄒ야爲하歌ᄒ거ᄂ上이日懷州의人은그塗炭일진져ᄆᆺ刺史로

ᄡ써散官을合다德秀ㅣ性이介潔ᄒ고質樸ᄒ니士大夫ㅣ다그高흠을服ᄒ더라

癸丑批逆鱗批觸也韓非傳龍之爲虫可擾押而騎也然其喉下有逆鱗人有嬰之則必殺人人主亦有逆鱗之說
者能無嬰之則發矣

唐紀

玄宗明皇帝下

(丙子)二十四年에張守珪ㅣ使平盧討擊使安祿山ᄋᆞ로討奚

契丹叛者ᄒᆞ야祿山이恃勇輕進이라爲虜所敗ᄒᆞ여늘夏四月에守珪ㅣ

奏請斬之ᄒ니祿山이臨刑에呼日大夫ㅣ不欲滅奚契丹耶아奈

何로殺祿山ᄒᆞ고守珪ㅣ亦惜其曉勇ᄒ야欲活之ᄒᆞ야乃更執送京師ᄒᆞᆫ대

張九齡이批日昔에穰苴ㅣ誅莊賈ᄒ고也晏嬰薦於齊景公召爲將軍使莊賈監軍約直子余反釋義史記司馬穰苴者田完之苗裔

孫武ㅣ斬宮嬪ᄒ니釋義孫武子齊人也以兵法見吳王闔閭閭約出宮人爲二隊以寵姬二人爲隊長試習戰

出師後期詰後斬者斬遂斬莊賈以徇三軍士股慄乃進復故地

決武ㅣ三令五申而皷之
宮人笑ㅣ乃斬隊長以徇

守珪ㅣ軍令을若行ㅎ면祿山이不宜免死ㅣ러니上이惜

其才ㅎ야勅令免官ㅎ고以白衣로將領ㅎ니九齡이固爭曰祿山이失律

喪師ㅎ니於法에不可不誅오且臣이觀其貌ㅎ니有反相이라不殺면必

釋議夷甫晉王衍字也石勒上黨匈奴人衍識之識其有反
相將收之勒已去矣後果叛據襄國僭稱後趙卒禍晉室

爲後患이리다上이曰卿은勿以王

夷甫ㅣ識石勒으로枉害忠良ㅎ야라竟赦之ㅎ다

二十四年이라張守珪ㅣ平盧討擊使安祿山으로ㅎ야금奚契丹叛ㅎ者를討ㅎ시祿
山이勇을恃ㅎ고輕히進ㅎ다가虜의게敗혼바ㅣ되거눌夏四月에守珪ㅣ奏ㅎ야斬
허기를請ㅎ니祿山이刑을臨ㅎ야呼ㅎ야曰大夫ㅣ奚契丹을滅코져아니ㅎ는가
엇지ㅎ야祿山을殺ㅎ고저ㅎ느뇨守珪ㅣ其驍勇을惜ㅎ야活코져ㅎ야이예다시
執ㅎ야京師에送ㅎ니張九齡이批ㅎ야曰昔에穰苴ㅣ莊賈를誅ㅎ고孫武ㅣ宮嬪을
斬ㅎ얏스니守珪ㅣ軍令을만일行ㅎ면祿山이맛당이死를免치못ㅎ리이다上이그
才를惜ㅎ야勅ㅎ야官을免ㅎ고白衣로써將領ㅎ게ㅎ니九齡이固爭ㅎ야曰祿山
이律을失ㅎ고師를喪ㅎ얏스니法에可히誅치아니치못ㅎ올수업고또臣이그
貌를觀ㅎ니反相이有혼지라殺치아니ㅎ면반다시後患이되리이다上이曰卿은王夷甫ㅣ石
勒을識ㅎ므로써忠良을枉害ㅎ지말나ㅎ고맛참늬赦ㅎ다

秋八月壬子千秋節에 羣臣이 皆獻寶鏡을이어 張九齡이 以爲以

鏡自照見形容이오 以人自照見吉凶이라하야 乃述前世興廢之源

하야爲書五卷하고 謂之千秋金鑑錄하야 上之한대 上이 賜書褒美하다 出本傳

秋八月壬子千秋節에 羣臣이다 寶鏡을獻하거늘 張九齡이써하되 鏡으로써스스로形容을照見홈이오 人으로써스스로吉凶을照見혼다하야거늘 書五卷을하고 千秋金鑑錄이라謂하야 上혼대 上이 書를賜하야 美홈을褒하다 이에前世에興廢의源을述

朔方節度使牛仙客이 前在河西야 能節用度고 勤職業니

庫ㅣ充實고 器械ㅣ精利라 上이 聞而嘉之야 欲加尚書대호 張九齡

中外有德望者로 乃爲之니 仙客은 本河湟使典으로 釋義河湟二州並涼州 地牛仙客前制涼州別

日不可이라하니 尚書는 古之納言이라 唐興以來로 惟舊相及揚歷

對日不可이라하니 封爵은 所以勸有功也라 邊將이 實倉庫修器 今驟居清要면 恐羞朝廷이니 上이 日然則但加實封이 可乎

械는 乃常務耳라 不足爲功이니 陛下ㅣ 賞其勤인된 賜之金帛이 可 駕故로 云

也ㅣ오裂土封之ᄂᆞᆫ恐非其宜ㅣ라ᄒᆞ니이다上이默然ᄒᆞ신ᄃᆡ李林甫ㅣ言於上

日仙客ᄋᆞᆫ宰相才也ㅣ니何有於尙書ㅣ고ᄒᆞ잇ᄃᆞ니十一月에賜仙客爵隴

西縣公ᄒᆞ고食實封三百戶ᄒᆞ다 出本 傳

朔方節度使牛仙客이前에河西에在ᄒᆞ야能히用度를節ᄒᆞ고職業을勸ᄒᆞ니倉庫ㅣ

充實ᄒᆞ고器械가精利ᄒᆞ지라上이聞ᄒᆞ고嘉히여여尙書를加ᄒᆞ고ᄌᆞᄒᆞᄂᆞᆯ張九齡이

日可치아니ᄒᆞ니이다古의納言이라唐興以來로오舊相과밋中外예揚歷ᄒᆞ

야德望이有ᄒᆞᆫ者로이에ᄒᆞ엿ᄂᆞ니仙客ᄋᆞᆫ本ᄃᆡ河湟의使典으로今에驟居ᄒᆞ고

면恐컨ᄃᆡ朝廷에羞가될가ᄒᆞᄂᆞ이다上이默然ᄒᆞ거늘明日에

야日可치아니ᄒᆞ느니다爵을封ᄒᆞᆷ은써功이有ᄒᆞᆷ을勸ᄒᆞᄂᆞᆫ바이라邊將이倉庫를實ᄒᆞ고

器械를修ᄒᆞᆷ은이에常務라足히功이되지못ᄒᆞᆯ지니陛下ㅣ其勤ᄒᆞᆷ을賞ᄒᆞ실진ᄃᆡ金

帛을賜ᄒᆞᆷ이可ᄒᆞ고土를裂ᄒᆞ야封ᄒᆞᆷ은恐컨ᄃᆡ其宜가아니니이다上이默然ᄒᆞ거늘十一月에

李林甫ㅣ上ᄭᅴ言ᄒᆞ야日仙客ᄋᆞᆫ宰相의才ㅣ니무엇이尙書에有ᄒᆞ리고ᄒᆞ고十一月에

仙客을爵隴西縣公을賜ᄒᆞ고實封三百戶를食ᄒᆞ게ᄒᆞ다

初에上이欲以李林甫로爲相ᄒᆞ야問於中書令張九齡ᄒᆞᆫᄃᆡ九齡이

對日宰相은繫國安危ᄒᆞ니陛下ㅣ相林甫ᄒᆞ시면切恐異日에爲廟

社之憂ㅣ러니 上애 不從ᄒᆞ신대 時예 九齡이 方以文學으로 爲上所重이라 林
甫ㅣ雖恨나이 猶曲意事之ᄒᆞ고 侍中裴耀卿이 與張九齡으로 善ᄒᆞ니 林
甫ㅣ並疾之ᄒᆞ더라 是時예 上이 在位歲久에 漸肆奢慾ᄒᆞ야 忘於政事ᄒᆞ니
而九齡이 遇事애 無細大히 皆力爭之ᄒᆞᆫ대 林甫ㅣ巧伺上意ᄒᆞ고 日
思所以中傷之ᄒᆞ야 日夜에 短九齡於上ᄒᆞ니 上이 寢踈之ᄒᆞ야 於是에 耀
卿九齡을 並罷政事ᄒᆞ고 以林甫로 兼中書令ᄒᆞ고 牛仙客으로 爲工部
尙書ᄒᆞ야 同中書門下三品ᄒᆞ다 傳 出本

初애 上이 李林甫로ᄡᅥ 相을 삼고ᄌᆞ ᄒᆞ야 中書令張九齡에게 問ᄒᆞᆫ대 九齡이 對ᄒᆞ야 曰
宰相은 國家의 安危가 繫ᄒᆞᆷ이니 陛下ㅣ林甫로 相을 ᄉᆞ시면 異日에 廟社의 憂가 될
가 切恐ᄒᆞ노이다 上이 從치 안타 時예 九齡이바야흐로 文學으로ᄡᅥ 上의게 所重ᄒᆞᆫ
바이 된지라 林甫ㅣ비록 恨ᄒᆞ나오히려 意를 曲ᄒᆞ야 事ᄒᆞ고 侍中裴耀卿으
로더부러 善ᄒᆞ니 林甫ㅣ並히 疾ᄒᆞ더라 是時예 上이 位에 在지歲가久ᄒᆞᆷ에 奢慾이
漸肆ᄒᆞ야 政事에 怠ᄒᆞ니 九齡이 事를 遇ᄒᆞ미 細大ᄒᆞᆷ이업시다 力으로 爭ᄒᆞᆫ대 林甫ㅣ
上意를 巧伺ᄒᆞ고 日로ᄡᅥ 中傷ᄒᆞᆯ바를 思ᄒᆞ야 日夜에 九齡을 上의게 短ᄒᆞ니 上이 寢踈

호야於是에燿卿과九齡을並히政事를罷호고李林甫로中書令을兼호고牛仙客으로工部尚書를合아中書門下三品을同히호다

上이卽位以來로所用之相에姚崇은尚通호고宋璟은尚法호고張嘉貞은尚吏호고張說은尚文호고李元紘杜暹은尚儉호고韓休와張九齡은尚直호야各其所長也ㅣ러

上이位에卽호야써來홈으로用호바相에姚崇은通을尚호고宋璟은法을尚호고張嘉貞은吏를尚호고張說은文을尚호고李元紘杜暹은儉을尚호고韓休와張九齡은直을尚호야ㄱㄱ그長호바이러라

九齡이旣得罪에自是로朝廷之士ㅣ皆容身保位호야無復直言

李林甫ㅣ欲蔽塞人主視聽호고自專大權호야明召諫官호야謂

日今明主ㅣ在上이니羣臣이將順之不暇온烏用多言이오諸君

不見立仗馬乎아食三品料호ᄃ

三品은
釋義飛龍廐日以入馬列宮門外號南衙立仗馬

釋義食與飼同唐給九品祿三品四百石也一作飫

一鳴에輒斥去호ᄂ니悔之何及이오리오補闕杜璡이嘗上書言事호고

明日에 黜爲下邽令ᄒᆞ니 自是로 諫爭路ㅣ 絶矣러라 出本傳

九齡이 旣히 罪를 得ᄒᆞ미 自是로 朝廷의 士ㅣ다 身을 容ᄒᆞ야 다시 直히 言ᄒᆞ리가 無ᄒᆞ더라 李林甫ㅣ 人主의 視聽을 蔽塞ᄒᆞ고 大權을 스스로 專ᄒᆞ고 ᄌᆞᄒᆞ야 諫官을 明召ᄒᆞ야 謂ᄒᆞ야 曰 今에 明主ㅣ 上에 在ᄒᆞ시니 羣臣이 쟝ᄎᆞᆺ順ᄒᆞᆷ을 暇치 못ᄒᆞ겟곤 엇지 多言을 用ᄒᆞ리오 諸君은 立仗馬를 見치 못ᄒᆞ엿ᄂᆞᆫ가 三品料를 食ᄒᆞ되 一번 鳴ᄒᆞ야 문득 斥去ᄒᆞ니 悔ᄒᆞ나 엇지 及ᄒᆞ리오 補闕杜璡이 일즉 書를 上ᄒᆞ야 事를 言ᄒᆞ고 明日에 黜ᄒᆞ야 下邽令이 되니 自是로 諫爭의 路가 絶ᄒᆞ엿더라

林甫ㅣ 城府ㅣ 深密ᄒᆞ야 人莫窺其際라 好以甘言도 啗人而陰中傷之ᄒᆞ되 不露辭色ᄒᆞ고 凡爲上所厚者를 稍遍이면 輒以計去之ᄒᆞ니 雖老奸巨猾도 無能逃其術者ㅣ러라 始則親結之ㅣ라 及勢位ㅣ 本傳

林甫ㅣ 城府ㅣ 深密ᄒᆞ야 人이 其際를 窺치 못ᄒᆞ는지라 甘言으로써 人을 啗ᄒᆞ기를 好ᄒᆞ고 陰히 傷ᄒᆞ다가 中케 호되 辭色을 不露ᄒᆞ고 무릇 上에 厚ᄒᆞ는 바가 되는 者를 始인則親히 結ᄒᆞ다가 勢와 位가 漸히 遍ᄒᆞ면 문득 計로써 去ᄒᆞ니 비록 老奸과 巨猾이라도 能히 其術에 逃ᄒᆞᆯ者ㅣ 無ᄒᆞ더라

(丁丑)二十五年이라 楊洄ㅣ 又譖ᄒᆞ되 太子瑛과 鄂王瑤와 光王琚ㅣ

潛構異謀ᄒ야ᄂᆞᆯ上이召宰相謀之ᄒ고李林甫ㅣ對曰此ᄂᆞᆫ陛下의家
事ㅣ非臣等의所宜豫ㅣ니이다上意ㅣ乃決ᄒ야廢瑛瑤琚ᄒ야爲庶人ᄒ고
賜死城東驛ᄒ다 出林甫傳

二十五年이라楊洄ㅣ諮ᄒ디太子瑛과鄂王瑤와光王琚ㅣ潛히異謀ᄅᆞᆯ搆ᄒ다ᄒ
야ᄂᆞᆯ上이宰相을召ᄒ야謀ᄒ니李林甫ㅣ對ᄒ야曰此ᄂᆞᆫ陛下의家事ㅣ니臣等의맛
당히豫ᄒᆞᆯ바가아니니이다上意ㅣ이에決ᄒ야瑛瑤琚ᄅᆞᆯ廢ᄒ야庶人을合고城東驛
에死ᄅᆞᆯ賜ᄒ다

秋七月에大理少卿徐嶠ㅣ奏ᄒ되今歲에天下ㅣ斷死刑이五十
八人이라大理獄院은由來相傳에殺氣ㅣ太盛ᄒ야鳥雀이不棲ᄒ더니今
有鵲이集其樹ᄒ야ᄂᆞᆯ於是에百官이以幾致刑措ᄒ고上表稱賀ᄒᆞᆫ대上
이歸功宰輔ᄒ고賜李林甫爵晉國公ᄒ고牛仙客豳國公ᄒ다 出林甫傳

秋七月에大理少卿徐嶠ㅣ奏ᄒ되今歲에天下ㅣ死刑을斷ᄒᆞᆷ이五十八人이라大理
獄院은由來로相傳에殺氣가太盛ᄒ야鳥雀이樓치안터니今에鵲이有ᄒ야其樹에
서巢ᄒ얏ᄃᆞ하거ᄂᆞᆯ於是에百官이刑措ᅵ幾致ᄒᆞᆷ으로써表를上ᄒ야賀를稱ᄒᆞᆫ대上

이功을宰輔에게歸ᄒᆞ고李林甫에게爵晉國公을賜ᄒᆞ고牛仙客에게幽國公을ᄒᆞ다

(戊寅)二十六年이라太子瑛이旣死에李林甫ㅣ數勸上立壽王

瑁을上이以忠王璵ㅣ年長ᄒᆞ고且仁孝恭謹ᄒᆞ고又好學이라야意欲立

之호ᄃᆡ猶豫ᄒᆞ야歲餘不決ᄒᆞ야自念春秋ㅣ寢高에三子ㅣ同日誅死ᄒᆞ고

嗣繼를未定ᄒᆞ야常忽忽不樂ᄒᆞ야寢膳이爲之減이어늘高力士ㅣ乘

間請其故ᄒᆞᄃᆡ上이曰汝ᄂᆞᆫ我家老奴ㅣ라豈不能揣我意오力士ㅣ

曰得非以郞君未定耶아上이曰然ᄒᆞ다對曰但推長而立이면誰

敢復爭잇이리오上意ㅣ遂定ᄒᆞ야六月에立璵爲太子ᄒᆞ다 後改名亨 出本傳

二十六年이라太子瑛이旣히死ᄒᆞᆷ에李林甫ㅣ자조上을勸ᄒᆞ야壽王瑁를立ᄒᆞ라ᄒᆞ

거늘上이ᄡᅥ忠王璵ㅣ年長ᄒᆞ고ᄯᅩ仁孝恭謹ᄒᆞ고ᄯᅩ學을好ᄒᆞ다ᄒᆞ야意에立ᄒᆞ고

ᄌᆞ호ᄃᆡ猶豫ᄒᆞ야歲餘를決치못ᄒᆞ야스스로念ᄒᆞᆫᄃᆡ春秋ㅣ寢高ᄒᆞᆷ에三子ㅣ同日

에誅死ᄒᆞ고嗣繼를定치못ᄒᆞ얏다ᄒᆞ야常히忽忽不樂ᄒᆞ야寢膳을減ᄒᆞ거늘高力

士ㅣ間을乘ᄒᆞ야其故를請ᄒᆞᄃᆡ上이曰汝ᄂᆞᆫ我家의老奴ㅣ라엇지能히我意를揣ᄒᆞ지

못ᄒᆞᄂᆞᆫ고力士ㅣ曰실어곰郞君을未定ᄒᆞᆷ으로ᄡᅥᄒᆞᆷ이아니니잇가上이曰然ᄒᆞ다對

ᄒ야日다만長을推ᄒ야立ᄒ시면誰가敢히다시爭ᄒ리잇고上의怒ㅣ遂히定ᄒ야

六月에璵를立ᄒ야太子를合다

(己卯)二十七年이라八月에 追諡孔子ᄒ야 爲文宣王ᄒ고南向坐ᄒ야

出本記禮樂志

二十七年이라八月에孔子를追諡ᄒ야文宣王을合고南으로向ᄒ야坐ᄒ야王者의

被王者之服ᄒ고 追贈弟子ᄒ야 皆爲公侯伯ᄒ다

服을被ᄒ고弟子를追贈ᄒ야다公과侯와伯을合다

(庚辰)二十八年이라二月에 張九齡이卒ᄒ다上이 雖以九齡이忤旨

逐之나 然이나終愛重其人ᄒ야每宰相이薦士에 輒問日風度ㅣ得

二十八年이라二月에張九齡이卒ᄒ다上이비록九齡이旨를忤홈으로써逐ᄒ얏스

如九齡不ㅣ아ᄒ며 出本傳釋義風度風采度量也

나그러나終히其人을愛重ᄒ야ᄆ양宰相이士를薦ᄒ매믄득問호티風度ㅣ시러금

是歲에西京東都에米ㅣ斛에 直錢이不滿二百이요絹匹이 亦如之

九齡如ᄒ냐ᄒ더라

ᄂᆞᆫ海內富安ᄒ야行者ㅣ雖萬里나不持寸兵이러

是歲에西京東都에米ㅣ斗에直錢이二百에不滿ᄒ고絹四이쯔ᄒ니如ᄒ니海內ㅣ富

安ᄒ야行者ㅣ비록萬里ᄅᆞᆯ行ᄒ나寸兵을持치안터라

督ᄒ다 出本傳

(辛巳)二十九年이라平盧兵馬使安祿山이傾巧善事人ᄒᆞ니人

多譽之ᄆᆡ田是로上이益以爲賢ᄒ야八月에以祿山ᄋᆞ로爲營州都

二十九年이라平盧兵馬使安祿山이傾巧ᄒᆞᆷ으로人을善事ᄒᆞ니人이譽홈이多ᄒ지

라由是로上이욱賢ᄒ게여여八月에祿山ᄋᆞ로ᄡᅥ營州都督을合다

(壬午)天寶元年이라正月에分平盧ᄒ야別爲節度ᄒ고以安祿山

爲節度使ᄒ다是時에天下聲教所被之州ㅣ三百三十一이오 釋義聲은謂風聲

羈縻之州ㅣ八百이라 自太宗平突厥蠻夷稍稍內屬即其部落列置州縣大者爲都督號爲

置十節度經略使ᄒ야以備邊ᄒ니 日安西日北庭日河西

羈縻凡府州八百五十六

河東范陽平盧隴右劍南嶺南이오又有長樂經畧ᄒ니福州ㅣ領

之ᄒ고東萊守捉은萊州ㅣ領之ᄒ고東牟守捉은登州ㅣ領之ᄒ니凡鎮

兵이四十九萬人이요馬ㅣ八萬餘匹이라開元之前에歲供邊兵衣糧費ㅣ不過二十萬이며天寶之後에邊將이奏益兵寖多ㅣ나每歲에用衣ㅣ千二十萬匹이오糧이百九十萬斛이라公私ㅣ勞費ㅎ야民始困苦矣러라 出通典

天寶元年이라正月에平盧을分ㅎ야節度를別ㅎ고是時에天下에聲教所被의州ㅣ三百三十一이오羈縻의州ㅣ八百이라十節度使를置ㅎ야써邊을備ㅎ니日安西와日北庭과日河西와河東范陽과平盧와隴右와劍南과嶺南이오坐長樂經畧이有ㅎ니福州ㅣ領ㅎ고東萊守捉은萊州가領ㅎ고東牟守捉은登州ㅣ領ㅎ니무릇鎮兵이四十九萬人이며馬ㅣ八萬匹이라開元前에는邊兵의衣糧을歲供호費ㅣ二十萬에不過ㅎ더니天寶後에邊將이益兵을奏홈이寖多ㅎ니每歲에衣用이千二十萬四이오糧이百九十萬斛이라公私ㅣ勞費ㅎ야民이始로困苦ㅎ더라

三月에以長安令韋堅으로爲陝郡太守ㅎ야領江淮租庸轉運使初에宇文融이既敗에言利者ㅣ稍息이러니及楊愼矜이得幸에於

是에韋堅王鉷^{鉷胡公反}之徒ㅣ競以利_{釋義史作爭權}로進ㅎ며百司에有事權者를

稍稍別置使ㅎ야以領之ㅎ니舊官은充位而已러니堅이爲吏에以幹敏으로稱ㅎ니上이使之督江淮租運ㅎ야歲增巨萬이어늘上이以爲

能故로擢任之ㅎ고王鉷이亦以善治租賦로爲戶部員外郞ㅎ야兼

侍御史ㅎ다 出本傳

三月에長安令韋堅으로陝郡太守를合아江淮租庸轉運使를領ㅎ다初에宇文融

이임의敗홈에利를言ㅎ는者ㅣ稍息이러니及楊愼矜이幸홈을得홈에이韋堅과

王鉷의徒ㅣ競ㅎ야利로進ㅎ더라百司에事權이有흔者를稍々히別로使를置ㅎ

야領ㅎ니舊官은位에充홀ᄯ름이라堅이吏가되민幹敏으로ᄡ써稱ㅎ니上이

금江淮租運을督ㅎ게ㅎ야歲마다巨萬을增ㅎ거늘上이ᄡ써能ㅎ다ㅎ야집짓擢ㅎ야

任ㅎ고王鉷이ᄯ호租賦를善治홈으로ᄡ써戶部員外郞을兼ㅎ야侍御史를兼ㅎ다

李林甫ㅣ爲相에凡才望功業이出己右ㅎ고及爲上所厚ㅎ야勢位

將逼己者를必百計去之ㅎ고尤忌文學之士ㅎ야或陽與之善ㅎ야

가嗒以甘言而陰陷之ㅎ니世ㅣ謂李林甫ᄂ口有蜜ㅎ고腹有劒

政府政事 室亂

李林甫ㅣ相이되미무릇才望功業이己右에出ᄒᆞ고밋上에厚ᄒᆞᆫ바가되야勢位가

장ᄎᆞ己를逼ᄒᆞᆯ者를必히百計로去ᄒᆞ고尤히文學의士를忌ᄒᆞ야或거짓더부러善ᄒᆞ

다가甘言으로써啗ᄒᆞ야陰히陷ᄒᆞ니世ㅣ謂ᄒᆞ디李林甫ᄂᆞᆫ口에蜜이有ᄒᆞ고腹에劒

이有ᄒᆞ다ᄒᆞ더라

이라ᄒᆞ더라 出本 傳

(癸未)二年이라이春正月에安祿山이入朝ᄅᆞᆯ上이寵待甚厚ᄒᆞ니謁見

無時러라傳 出本

二年이라春正月에安祿山이朝에入ᄒᆞ거늘上이寵待ᄒᆞ욤을甚히厚히ᄒᆞ니謁見이無

時러라

李林甫ㅣ領吏部尙書ᄒᆞ야日在政府ᄒᆞ고選事ᄅᆞᆯ悉委侍郎宋遙

苗晉卿ᄒᆞ더御史中丞張倚ㅣ新得幸於上ᄒᆞ니遙晉卿이欲附之

時에選人集者ㅣ以萬計오入等者ㅣ六十四人이라倚子奭이

爲之首ᄒᆞ니羣議ㅣ沸騰이어ᄂᆞᆯ祿山이入言於上ᄒᆞᆫ대上이悉召入等人

야面試之ᄒᆞ니奭이手持試紙ᄒᆞ고終日不成一字라時人이謂之曳

白이라ㅎ 出本
야 傳

李林甫로 吏部尙書를 領ㅎ야 日로 政府에 在ㅎ고 選事를 委ㅎ다 侍郞宋遙와 苗晉卿에게
委ㅎ다 御史中丞張倚ㅣ 서로 幸홈을 上에게 得ㅎ니 遙와 晉卿이 附ㅎ고 즈ㅎ더라ㅣ써
에 選人이 集ㅎ은 者ㅣ 萬으로써 計ㅎ고 고等에 入ㅎ은 者ㅣ 六十四人이로디 倚의 子 奭이 首
가 되니 群議가 沸騰ㅎ거늘 祿山이 入ㅎ야 上의게 言ㅎ니 上이 入等人을 悉召ㅎ야 面
試ㅎ니 奭이 手에 試紙를 持ㅎ고 日이 終로록 一字를 成치 못ㅎ눈지라 時人이 謂ㅎ디
曳白이라ㅎ더라

(甲申)三載따 春正月에 改年日載다ㅎ
釋義載音宰年也法堯舜時名年日載
三載라 春正月에 年을 改ㅎ야 日載라ㅎ다

三月에 以安祿山으로 兼范陽節度使禮部尙書席建侯를 爲河
北黜陟使고 釋義陟竹力反黜降也陟升也 稱祿山公直이여 李林甫裴寬이 皆順旨
稱其美ㅎ니 二人이 皆上所信任이라由是로 祿山之寵이 益固不
搖矣라ㅎ더 出本
三月에 祿山으로써 范陽節度使禮部尙書席建侯를 兼ㅎ고 河北黜陟使를 合고 祿山

武惠妃武攸止之女也

의公直을稱ᄒᆞ거ᄂᆞᆯ李林甫와裴寬이다旨ᄅᆞᆯ順ᄒᆞ야그美홈을稱ᄒᆞᄂᆞ니二人은다上의

信任ᄒᆞᄂᆞᆫ바라由是로祿山의寵이橋치안터라

初에武惠妃ㅣ薨홈에上이悼念不已ᄒᆞ더後宮數千에無當意者ㅣ러니或

言壽王妃楊氏之美ㅣ絶世無雙이라ᄒᆞ거ᄂᆞᆯ上이見而悅之ᄒᆞ야乃令

妃로自以其意로乞爲女官ᄒᆞ야號太眞이라ᄒᆞ고更爲壽王ᄒᆞ야娶左衛

郞將韋昭訓女ᄒᆞ고濟內太眞宮中ᄒᆞ다日內讀納妃傳太眞이肌態ㅣ豐艶ᄒᆞ고

曉音律ᄒᆞ고性이警頴ᄒᆞ야善承迎上意ᄒᆞ니不朞歲에寵遇ㅣ如惠妃라

宮中이號曰娘子ㅣ라凡儀體를皆如皇后더라出贵妃傳

初에武惠妃ㅣ薨홈에上이悼念홈을不已호ᄃᆡ後宮千數에意를當ᄒᆞᆯ者ㅣ無ᄒᆞ더니

或이言호ᄃᆡ壽王妃楊氏의美ㅣ世에絶ᄒᆞ야雙이無ᄒᆞ다ᄒᆞ거ᄂᆞᆯ上이見ᄒᆞ고悅ᄒᆞ야

이에妃로ᄒᆞ야금自意로써女官을乞ᄒᆞ게ᄒᆞ야太眞이라號ᄒᆞ고다시壽王을爲ᄒᆞ

야左衛郞將韋昭訓의女를娶케ᄒᆞ고가만이太眞을宮中에納ᄒᆞ다太眞이肌態가豐

艶ᄒᆞ고音律에曉ᄒᆞ고性이警頴ᄒᆞ야善히上意를承迎ᄒᆞ니朞歲가못되야寵遇가惠

妃와如ᄒᆞ지라宮中이號ᄒᆞ야日娘子ㅣ라무릇儀體를다皇后와如히ᄒᆞ더라

上이從容謂高力士曰朕이不出長安이近十年에天下ㅣ無事

ㅣ니朕이欲高居無爲ㅎ야悉以政事로委林甫ㅎ노니何如오對曰天子

ㅣ巡守는古之制也요且天下大柄은不可假人이니彼威勢ㅣ旣

成ㅎ면誰敢復議之者잇리잇고上이不悅ㅎ노라力士ㅣ自是로不敢深言天

下事矣러라出本傳

上이從容이高力士다러謂ㅎ야曰朕이長安에出치아니홈이十年에近ㅎ지라天下
ㅣ事가無ㅎ니朕이無爲에居ㅎ야悉히政事로써林甫에게委ㅎ고조ㅎ노니엇더ㅎ
고對ㅎ야曰天子ㅣ巡守ᄂᆞᆫ古의制요天下大柄은可히人의게假치못홀지니彼의威
勢가임의成ㅎ면誰가敢히다시議ᄒᆞᆯ者ㅣ리잇고上이悅치아니ㅎ노니力士ㅣ自是로
敢히天下의事를深言치못ㅎ니라

(乙酉)四載다李林甫ㅣ欲除不附己者ㅎ야求治獄吏ᄂᆞᆫ蕭炅이
薦吉溫이어늘林甫ㅣ得之甚喜ㅎ고又有羅希奭이爲吏深刻이라林
甫ㅣ引之ㅎ야遷侍御史다ㅎ야二人이皆隨林甫所欲ㅎ야鍛鍊成獄ㅎ니

（左右藏）
左藏署掌錢帛雜彩調　天府
右藏署掌金玉珠寶銅鐵骨角齒毛彩畫並屬府守

無能自脫者ㅣ라 時人이 謂之羅鉗吉網이라ᄒᆞ더라（吉溫傳） 上이 以戶部郎

中王鉷으로 爲戶口色役使ᄒᆞ니（釋義色科名包使去聲） 鉷이 志在聚歛ᄒᆞ야 按籍

成邊六歲之外에 悉徵其租庸ᄒᆞ고 有幷徵三十年者ᄒᆞ되 民無所

訴라 上이 在位久에 用度ㅣ日侈ᄒᆞ야 後宮賞賜ㅣ 無節ᄒᆞ되 不欲數

於左右藏에 取之ᄒᆞ니 鉷이 探知上指ᄒᆞ고 歲貢額外錢帛百億萬ᄋᆞᆯ

貯於內庫ᄒᆞ야 以供宮中宴賜日此ᄂᆞᆫ 皆不出於租庸調ㅣ니（釋武德七年初定租庸調）

無豫經費라ᄒᆞ야ᄂᆞᆯ 上이 於鉷에 爲能富國이라ᄒᆞ야 益厚遇之ᄒᆞ니 鉷이 務

爲割剝이오 以求媚라 中外ㅣ嗟怨이러라（出本傳）

四載라 李林甫ㅣ 己에 附치아니ᄒᆞᆫ者ᄅᆞᆯ 除ᄒᆞ고 조ᄎᆞ야 治獄ᄒᆞᆯᄉᆡ 吏ᄂᆞᆫ 求ᄒᆞ니 蕭炅이 吉

温을 薦ᄒᆞ거늘 林甫ㅣ 得ᄒᆞ야 甚히 喜ᄒᆞ고 坐 羅希奭이 有ᄒᆞ야 吏가 되야 深刻ᄒᆞ지라

林甫ㅣ 引ᄒᆞ야 侍御史ᄅᆞᆯ 遷ᄒᆞ다 二人이다 林甫의 所欲을 隨ᄒᆞ야 鍛鍊ᄒᆞ야 獄을 成ᄒᆞ

니 能히 스스로 脫ᄒᆞᆯ者ㅣ 無ᄒᆞ지라 時人이 謂호ᄃᆡ 羅의 鉗과 吉의 綱이라ᄒᆞ더라 上이

戶部郎中王鉷으로ᄡᅥ 戶口色役使ᄅᆞᆯ 合ᄋᆞ니 鉷이 志가 聚歛에 在ᄒᆞ야 成邊을 按籍ᄒᆞ

야 六歲의 外에 다 其租庸을 徵ᄒᆞ고 三十年을 倂徵ᄒᆞᆫ者ㅣ 有ᄒᆞᄃᆡ 民이 訴ᄒᆞᆯ배 無ᄒᆞ

지라 上이 位에 在홈이 久호미 用度ㅣ 日로 侈호고 後宮의 賞賜ㅣ 節조ㅣ 無호디 左右

藏에셔 數호야 取호고 즈아니호니 鋨이 上의 指를 探知호고 歲마다 額外錢帛百億萬

을 貢호야 內庫에 貯호야 써 宮中宴賜에 供호야 出홈이안이니 此는 다 租庸調에셔 出호미안이니

經費에 豫호미 無호다호니 上이 이를 더욱 厚히

호니 鋨이 割剝호기를 務호야 써 媚홈을 求호는지라 中과 外가 嗟호고 怨호더라

（丙戌）五載라 以王忠嗣로 爲河西隴右節度使호고 兼知朔方

河東節度使호다 忠嗣ㅣ 仗四節호야 控制萬里호니 天下勁兵重鎮이

皆在掌握이라 與吐蕃으로 戰於青海積石호야 皆大捷호고 又討吐谷渾於墨離軍호야 虜

理志 積石在金城河關縣西南羌中今鄯州龍友縣界河所經也

釋義青海在臨羌縣西有卑禾海謂之青海地

釋誘地志云瓜州西北千里有墨離軍即其地也

其全部而歸호다 出本傳

五載라 王忠嗣로써 河西隴右節度使를 合고 朔方河東節度使를 兼知케 호다 忠嗣ㅣ

四節을 仗호야 萬里를 控制호니 天下의 勁兵重鎮이다 掌握에 在호지라 吐蕃으로

부러 青海積石에셔 戰호야 크게 捷호고 또 吐谷渾을 墨離軍에셔 討호야 그 全部를 虜

호고 歸호다

(狡黠)狂
狡黠梁也

(丁亥)六載라以范陽平盧節度使安祿山으로兼御史大夫ᄒᆞ다
祿山이體ㅣ充肥ᄒᆞ야腹垂過膝이러라嘗自稱重이三百斤이라ᄒᆞ더라外若
癡直이나內實狡黠ᄒᆞ야在上前에應對ㅣ敏給ᄒᆞ야雜以詼諧러라上이嘗
戱指其腹曰此胡腹中에何所有완ᄃᆡ其大ㅣ乃爾오對曰更無
餘物이오止有赤心耳니다上이悅ᄒᆞ니라祿山이得出入禁中ᄒᆞ야請爲貴
妃兒ㅣ러니上이與貴妃로共坐ᄒᆞ더니祿山이先拜貴妃여ᄂᆞᆯ上이問何故오
對曰胡人은先母而後父ㅣ니이다上이悅ᄒᆞ다 本傳

六載라范陽平盧節度使安祿山으로써御史大夫를兼ᄒᆞ다祿山이體가充肥ᄒᆞ야腹
이垂ᄒᆞ야膝에過ᄒᆞᄂᆞᆫ지라嘗히重이三百斤이라自稱ᄒᆞ더라外ᄂᆞᆫ癡直ᄒᆞᆷ갓ᄒᆞ나內
ᄂᆞᆫ實상狡黠ᄒᆞ야上前에在ᄒᆞ야應對ᄒᆞᆷ이敏給ᄒᆞ야雜되게詼諧로써ᄒᆞ더라上이嘗
히戱ᄒᆞ야其腹을指ᄒᆞ야曰此胡腹中에무엇이有ᄒᆞᆫ바이완ᄃᆡ其大ᄒᆞᆷ이이러ᄒᆞᆫ고對
曰다시餘物이無ᄒᆞ고다만赤心만有ᄒᆞ니이다上이悅ᄒᆞ다祿山이실어금禁中에出
入ᄒᆞ야因請ᄒᆞ야貴妃의兒가된지라上이貴妃로더부러共坐ᄒᆞ엿더니祿山이먼저
貴妃의게拜ᄒᆞ거ᄂᆞᆯ上이問ᄒᆞᄃᆡ무ᄉᆞᆫ연고이뇨對ᄒᆞ야曰胡人은母를先ᄒᆞ고父를後

로호나이다 上이悅호시다

十二月에 命百官호야 閱視天下歲貢物旁尙書省호고 旣而오悉

以車載호야 賜李林甫家호다 上이 或時에 不視朝호면 百司ㅣ悉集林

甫第門호니 臺省이 爲空호라 陳希烈이 雖坐府ㅣ나 無一人入謁者ㅣ라

十二月에 百官을 命호야 天下에 歲貢物을 尙書省에 閱視호고 旣而오 林甫의 第門에 集호니
야 李林甫家에 賜호다 上이 或時에 朝를 視치못호면 百司ㅣ다 林甫의 第門에 集호야 써 車에 載호
臺省이 空호지라 陳希烈이비록 府에 坐호ㄴㄴ 一人도 入謁호ㄴ 者ㅣ 無호더라

自唐興以來로 邊帥를 皆用忠厚名臣호디 不久任호고 不遙領호고 不

兼統호고 功名著者는 徃徃入爲宰相호고 其四夷之將은 雖才略

이 如阿史那社爾와 契苾何力도 猶不專大將之

契音乞蒲結反廕
賤姓何力其名也

任호고 皆以大臣으로 爲使호야 以制之니려 及開元中호야 天子ㅣ 有呑四

夷之志호야 爲邊將者를 十餘年不易호니 始久任矣오 皇子則慶

忠諸王오이

釋議慶王名琮忠王卽肅宗
也名亨並領節度不出閤

宰相則蕭嵩과 牛仙客이 始遙領矣오

蓋嘉運王忠嗣ㅣ專制數道ㅣ러니始兼統矣라러李林甫ㅣ欲杜邊

帥入相之路야以胡人이不知書로乃奏言호대文臣이爲將면ㅣ怯

當矢石니不若用寒族胡人이니라胡人則勇決習戰고寒族則

孤立無黨니陛下ㅣ誠以恩도洽其心이면彼必能爲朝廷盡死

上이悅其言야始用安祿山이러러天下之勢ㅣ偏重라卒使祿山로傾

胡人야精兵이咸成北邊니至是에諸道節度使를盡用

覆天下ㅣ皆出於林甫ㅣ專寵固位之謀也ㅣ라러 出本傳

唐興以來로뷧허邊帥를다忠厚名臣으로用호되任을久히아니고領케아니
고統을兼치못고功臣著名者는往往히入야宰相을삼고그四夷의將
은비록才器이阿史那社爾와契苾何力나드라도오히려大將의任을專치못
게고다大臣으로써使를야制더니開元中에及야天子ㅣ四夷를呑志
가有야邊將된者를十餘年을易지아니니비로소久히任엿고皇子則慶忠
諸王이오宰相則蕭嵩과牛仙客이비로소遙領고蓋嘉運과王忠嗣ㅣ數道를專制
니비로소統을兼엿더라李林甫ㅣ邊帥가入相는路를杜고오야胡人

〔楊釗〕貴
妃之從兄
下庚寅年
賜名國
忠

이不知書홈으로써이에言을奏호딕文臣이將이되면矢石을當홈을怯ᄒ니寒族과

胡人을用만갓지못ᄒ니이다胡人則勇을決ᄒ야戰을習ᄒ고寒族則孤히立ᄒ

야黨이無ᄒ야陛下ㅣ진실로恩으로써其心을洽ᄒ시면彼가반다시能히朝廷을위

ᄒ야死를盡ᄒ리이다上이其言을悅ᄒ야비로소安祿山을用ᄒ더라이에諸

道節度使를다胡人으로用ᄒ야精兵이北邊에咸戌ᄒ니天下의勢가偏重ᄒ지라마

춤닉祿山으로ᄒ야今天下를傾覆케홈이다林甫ㅣ寵을專ᄒ고位를固ᄒ謀에셔出

ᄒ엿더라

〔戊子〕七載라度支郎中兼侍御史楊釗ㅣ善鎝(之通反)上意所愛
惡而迎之ᄒ야以聚歛으로驟遷ᄒ야歲中에領十五餘使ᄒ다(出本志食貨)

七載라度支郎中兼侍御史楊釗ㅣ上意에愛惡ᄒ는바를善鎝ᄒ야迎ᄒ야聚歛으로
써驟遷ᄒ야歲中에十餘使를領ᄒ다

〔己丑〕八載라春二月에引百官觀左藏ᄒ야賜帛有差ᄒ다是時에
川縣이殷富ᄒ고倉庫에積粟帛을動以萬計라上이以國用이豐衍

故로視金帛을姐糞壤ᄒ야賞賜貴寵之家ㅣ無有限極이러(志食貨)

八載라春二月에百官을引ᄒ고左藏을觀ᄒ야帛을賜홈이差가有ᄒ다是時에州縣

이殷富호 고倉庫에 粟帛을 積호야 萬으로써 計호는지라 上의 國用이 豐衍호 故로써

金帛視호을 糞壤파 如히호야 貴寵의 家에 賞賜홈이 限極이 有홈이 無호더라

先是에 折衝府ㅣ 皆有木契銅魚호야 朝廷이 徵發下敕書호고 契

魚로 都督郡府야 參驗皆合然後에 遣之니러 自募置彍騎府兵도

日益墮壞호야 死及逃亡者를 有司ㅣ 不復點補호고 其彍駝馬牛

器械糗糧이 耗散畧盡이러 府兵이 入宿衛者를 謂之侍官이다 言

其爲天子侍衛也니러 其後에 本衛ㅣ 多以假人으로 役使를 如奴隸

長安人이 羞之야 至以相詬病호니 釋義詬音遘 病獪恥辱也 由是로 應爲府兵者ㅣ 又多爲

邊將苦使야 利其死而沒其財니고 其成邊者ㅣ又多爲

匿니러 至是에 無兵可交라 五月에 李林甫ㅣ 奏停折衝府上下

魚書니 是後에 府兵이 徒有官吏而已오 其折騎果毅를 又歷年

不遷士大夫ㅣ 亦耻爲之라 其彍騎之法이 天寶以後로 稍亦

變廢야 應募者ㅣ 皆市井負販無賴子弟로 未嘗習兵이라 時에 承

平이 日久호야 議者ㅣ 多謂中國兵을 可銷라호야늘 於是에 民間挾兵

器者를 有禁호고 子弟ㅣ 爲武官이면 父兄이 擯而不齒호나니 猛將精兵이

皆聚於西北邊호고 中國에 無武備矣라 出兵 志

先是에 折衝府ㅣ 다 木契와 銅魚가 有호야 朝廷이 徵發宮에 勅書를 下호고 契魚로郡

府를 都督호야 參驗에 다 合호後에 遣호더니 曠騎府兵을 募호야 置홈으로붓터 日로

더욱 墮壞호야 死와 밋 逃亡者를 有司ㅣ 다시 點補치안코其橐駝馬牛器械糧이耗

散호야 曩盡호더라 府兵이 宿衛에 入호者를 侍官이라謂호니 그 天子를 侍衛홈을言

홈이라 其後에 本衛ㅣ 만이 假人으로써 役使를 奴隷와 如호니 長安人이 羞호야써셔

로訴病에 至호고 其戍邊者를 또 만이 邊將의 苦로 役使를 合아 그 死를 利로호고 其財를 汲

호니 由是로 應호야 府兵된者ㅣ 다 逃匿호더니 至是에 兵可히 交홀것이 無호지라

五月에 李林甫ㅣ 奏호야 折衝府上下魚書를 停호니 是後에 府兵이 한갓 官吏只有헐

쓰름이오 其折騎ㅣ 果毅宮을 또 年을 歷호야도 遷호지안이호니 士大夫ㅣ 또호 恥호

더라 그 曠騎의 法이 天寶以後로 점々 變廢호야 應募호者ㅣ 다 市井貧販無賴호

子弟로일즉 兵을 習호지라 時에 承平이日久호야 議호는者ㅣ 만이 中國兵

을 可히 銷호다 謂호야늘 於是에 民間에 兵器를 挾호者는 禁호이 有호고 子弟가 武官

이되면 父兄이 擯호고 齒호지아니호니 猛將精兵이다 西北邊에 聚호고 中國에 난武

備가無ᄒ더라

(庚寅)九載라五月에賜安祿山爵東平郡王ᄒ니唐將帥封王이

自此始ᄒ니라 (本傳) 楊釗ㅣ以圖讖에有金刀ᄒ야請更名國

忠ᄒ다

九載라五月에安祿山을爵東平郡王을賜ᄒ니唐將帥로王을封홈이此로븟터始ᄒ
엿더라楊釗ㅣ써圖讖에金刀가有ᄒ다ᄒ야名을更ᄒ기를請ᄒᄃ上이名을賜ᄒ야
國忠이라ᄒ다

(辛卯)十載라春正月에上이命有司ᄒ야爲安祿山ᄒ야起第於親

仁坊ᄒ고敕令但窮壯麗ᄒ고不限財力이러既成에具幄帟器皿

充牣其中ᄒ니雖禁中服御之物이라도殆不及也ㅣ러祿山生日에

上及貴妃ㅣ賜衣服寶器酒饌이甚厚ᄒ고後三日에召祿山ᄒ고

禁中ᄒ야貴妃ㅣ以錦繡로爲大襁褓ᄒ야裹祿山ᄒ고使宮

人으로以彩輿로舁之ᄒ니上이聞後宮에諠笑ᄒ고問其故ᄒᄃ左右ㅣ以

貴妃ㅣ三日에洗祿山兒로對야上이自徃觀之고喜야賜貴妃洗

兒金銀錢고復厚賜祿山고盡歡而罷니自是로祿山이出入에

宮掖이不禁이라或與貴妃로對食고或通宵不出고頗有醜聲이

聞於外되上이亦不疑也ㅣ러라 出本傳

十載라春正月에上이有司를命야安祿山을爲야第를親仁坊에起고勅令으

로壯麗宮을다만窮케호티財力은限이無케엿더니임의成宮에幄帟器皿을具

야其中에充物니비록禁中服御의物이라도쟈못及지못더라祿山生日에上과

밋貴妃ㅣ衣服과寶器와酒饌을賜고甚히厚고後三日에祿山을召야禁中에

入야貴妃ㅣ錦繡로써大襁褓를야祿山을裹고宮人으로야금綵輿로써舁

야엿더니上이後宮에셔喧笑喜을聞고그연고를問티左右ㅣ貴妃ㅣ三日에祿

山兒를洗홈으로써對거늘上이스스로徃야觀고貴妃에게洗兒을

金銀錢을厚賜고다시祿山을厚賜고歡기를다고罷니自是로祿山이出入

고미宮掖이禁치안는지라或貴妃로더부러對食고或宵를通도록出지

안이고쟈못醜聲이外에聞호ㅣ上이도疑치안이더라

祿山이旣兼領三鎭에賞刑이已出니는日益驕恣야自以襄時에

不拜太子ㅎ고見上春秋高ㅎ고顏內懼ㅎ고又見武備ㅣ墮弛ㅎ고有輕

中國之心ㅣ라이러 本傳

祿山이임의三鎭을兼領ㅎ미賞刑이己出ㅎ니日로더욱驕恣ㅎ야스ᄉᆞ로써曩時에
太子ㅣ拜ㅎ지아니ㅎ고上의春秋ㅣ高ㅎᄆᆞᆯ見ㅎ고자못內로懼ㅎ고坐武備ㅣ墮
ㅎ고弛ㅎᄆᆞᆯ見ㅎ고中國을輕히ㅎᄆᆞᆯ心이有ㅎ더라

(壬辰)十一載라三月에改吏部ㅎ야爲文部ㅎ고刑部ᄅᆞ爲憲部다 出百官志

十一載라三月에吏部ᄅᆞᆯ改ㅎ야文部ᄅᆞᆯ合고刑部ᄅᆞᆯ憲部ᄅᆞᆯ合다

十一月에李林甫ㅣ薨ㅎ다上이晚年에自恃承平ㅎ야以爲天下에無

復可憂ㅣ라ㅎ고遂深居禁中ㅎ야專以聲色으로自娛ㅎ고悉委政事於林

甫ㅎ니林甫ㅣ媚事左右ㅎ야迎合上意ㅎ야以固其審ㅎ고杜絶言路ㅎ야

掩蔽聰明ㅎ야以成其姦ㅎ고妒賢嫉能ㅎ야排却勝己ㅎ야以保其位ㅎ고

屢起大獄ㅎ고誅逐貴臣ㅎ야以張其勢ㅎ니自皇太子以下ᄅᆞ畏之

側足라이러凡在相位十九年에養成天下之亂ㅎ되而上이不之悟

詳密註釋通鑑諺解 卷之十二

也ㅣ러 出本 傳

十一月에 李林甫ㅣ 薨ᄒᆞ다 上이 晚年에 스스로 承平홈을 恃ᄒᆞ야ᄡᅥᄒᆞ되 天下에 다시

可히 憂홀거시 無라ᄒᆞ고 드듸여 禁中에 深居ᄒᆞ야 專히 聲色으로ᄡᅥ 스스로 娛ᄒᆞ고 政

事를 다 林甫의게 委ᄒᆞ니 林甫ㅣ 左右를 媚事ᄒᆞ야 上意를 迎合ᄒᆞᆷ으로ᄡᅥ 其寵을 固ᄒᆞ고

言路를 杜絶ᄒᆞ야 聰明을 掩蔽ᄒᆞ야ᄡᅥ 其姦을 成ᄒᆞ고 賢을 妬ᄒᆞ고 能을 嫉ᄒᆞ야 勝己ᄒᆞᆫ 皇

을 排却ᄒᆞ야 其位를 保ᄒᆞ고 大獄을 屢起ᄒᆞ고 貴臣을 誅逐ᄒᆞ야ᄡᅥ 其勢를 張ᄒᆞ니 皇

太子以下로 붓허 畏ᄒᆞ야 足을 側ᄒᆞ더라 므릇 相位에 在ᄒᆞᆫ지 十九年에 天下의 亂을 養

成ᄒᆞ되 上이 悟ᄒᆞ지 못ᄒᆞ더라

以楊國忠으로 爲右相國ᄒᆞ다 忠의 爲人이 彊辯而輕躁ᄒᆞ야 無威儀ᄒᆞ니

旣爲相ᄒᆞ야 以天下로 爲己任ᄒᆞ야 裁決幾務호ᄃᆡ 果敢不疑ᄒᆞ고 居朝廷ᄒᆞ야

攘袂扼腕ᄒᆞ니 扼之革反 腕烏貫反 公卿以下ㅣ 頤指氣使ᄒᆞ야 莫不震慴ᄒᆞ더라 이러 實涉反

自侍御史로 至爲相히 凡國四十餘使라 臺省官이 有才行時

名ᄒᆞ고 不爲己用者를 皆出之ᄒᆞ야늘 或이 勸陝郡進士張彖ᄒᆞ야 謁國

忠曰見之면 富貴를 立可圖라ᄒᆞᆫ象이 曰君輩ㅣ 倚楊右相을 如泰

山이吾는以爲冰山耳니로 若皎日이 旣出이면君輩ㅣ得無失所恃

乎아 逐隱居嵩山ᄒ다 出國忠傳

楊國忠으로써右相國을合다忠의爲人이疆辯ᄒ고輕躁ᄒ야威儀가無ᄒ더니임의

相이되믜天下로써己任을合아幾務를裁決ᄒ야果敢ᄒ야疑ᄒ지아니ᄒ고朝廷에

居ᄒ야秩을攘ᄒ고腕을扼ᄒ니公卿以下ᄅ頤를指ᄒ고氣를使ᄒ야震懾지안ᄒ느리

업더라侍御史로붓허相이되기에至ᄒ기무릇四十餘使를領ᄒ지라臺省官이才行

과時名이有ᄒ고己用되지못ᄒ者를다出ᄒ라ᄒ야늘或이陝郡進士張彖을勸ᄒ야

國忠을謁케ᄒ야늘彖이日見ᄒ면富貴를立ᄒ리라ᄒ거늘彖이가히圖ᄒ리象이日君輩ㅣ楊右相을倚

국기를泰山갓치ᄒ나吾는以氷山이라ᄒ노니만일皎日이임의出ᄒ면君輩ᄂ시러

금恃ᄒ바를失ᄒ이無ᄒ랴드ᄋ여嵩山에隱居ᄒ다

(癸巳)十二載라 安祿山이以林甫ㅣ狡猾이蹠己故로畏服之니

及楊國忠이爲相에祿山이視之蔑如也니라由是로有隙이니러國忠

이屢言祿山이有反狀호디上이不聽이어늘國忠이以隴右節度使

哥舒翰이 與祿山으로不協ᄒ야 欲厚結翰ᄒ야 與共排祿山ᄒ야 奏以

翰으로兼河西節度使니是時에中國이盛強호야自安遠門으로西盡

唐境이凡萬二千里라閭閻이相望호고桑麻ㅣ翳野니天下에稱富

庶者ㅣ無如隴右라더니翰이每遣使入奏에常乘白槖駝호고日馳五

百里러라 (出國忠等傳)

十二載라安祿山이林甫ㅣ狡猾홈이己에踰혼故로畏服호더니밋國忠이相이되

민祿山이視호기를蔑如호니由是로隙이有호더라國忠이屢言호디祿山이反狀이

有호다호디上이聽치안커늘國忠이써隴右節度使哥舒翰으로더부러協치

아니타호야翰을厚結호야더부러祿山을排호고조호야翰으로써河西節度

使를兼호니是時에中國이盛強호야安遠門으로붓허西으로盡호니무릇萬

二千里라閭閻이서로望호고桑麻ㅣ野에翳호니天下에富庶혼者를稱홈이隴右와

如홈이無호더라翰이미양遣使入奏홈에常히白槖駝을乘호고日로五百里를馳호

더라

(甲午)十三載라正月에安祿山이入朝호다是時에楊國忠이言祿

山이必反이라호고且曰陛下ㅣ試召之쇼必不來이호리라上使召之니祿

密(李必)音

山이 聞命卽至라 上이 由是로 益親信祿山ᄒᆞ니 國忠之言이 不能

入矣러라 太子ㅣ 亦知祿山이 必反고 言於上ᄒᆞ더 上이 不聽ᄒᆞ다
안타

이能히 入지안터라 太子ㅣ ᄯᅩᄒᆞ 祿山이 必하 反ᄒᆞᆯ 줄 知ᄒᆞ고 上의게 言ᄒᆞ더 上이 聽치

十三載라 正月에 安祿山이 朝에 入ᄒᆞ다 是時에 楊國忠이 言ᄒᆞ더 祿山이 반다시 反ᄒᆞ
리라ᄒᆞ고 ᄯᅩ 日陛下ᄂᆞᆫ 試ᄒᆞ야 召ᄒᆞ쇼셔 반다시 來ᄒᆞ지 아니ᄒᆞ리이다 上이 ᄒᆞ야 金召
ᄒᆞ니 祿山이 命을 聞ᄒᆞ고 곳 至ᄒᆞᆫ지라 上이 由是로 祿山을 더욱 親信ᄒᆞ니 國忠의 言

侍御史李宓이 將兵七萬ᄒᆞ고 擊南詔ㅣ라가 全軍이 皆沒이여 楊國忠이

隱其敗ᄒᆞ고 更以捷으로 聞ᄒᆞ고 益發中國兵ᄒᆞ야 討之ᄒᆞ니 前後死者ㅣ 幾

二十萬人이러이도 無敢言者ㅣ러라 上이 嘗謂高力士曰朕이 今老矣라

朝事는 付之宰相ᄒᆞ고 邊事는 付之諸將ᄒᆞ면 夫復何憂ㅣ리오 力士ㅣ 對

曰臣은 聞雲南에 數喪師ᄒᆞ고 又邊將이 擁兵大盛ᄒᆞ니 陛下ᄂᆞᆫ 將何

以制之고ᅌᅵᆺᄃᆞ 臣은 恐一旦에 禍發ᄒᆞ면 不可復救ᄒᆞ니 何謂無憂也ㅣᆺ고

上이日卿은勿言ᄒᆞ라朕이徐思之ᄒᆞ리라

侍御史李宓이兵七萬을將ᄒᆞ고南詔를擊ᄒᆞ다가全軍이沒ᄒᆞ거늘楊國忠이그敗
ᄒᆞ물隱ᄒᆞ고更히捷으로써聞ᄒᆞ고더關中兵을發ᄒᆞ야討ᄒᆞ게ᄒᆞ니前後에死ᄒᆞᆫ者ㅣ
거위二十萬人이로ᄃᆡ敢히言ᄒᆞᄂᆞᆫ者ㅣ無ᄒᆞ더라上이常히高力士ᄃᆞ려謂ᄒᆞ야日朕
이今에老ᄒᆞᆫ지라朝事ᄂᆞᆫ宰相의게付ᄒᆞ고邊事ᄂᆞᆫ諸將의게付ᄒᆞ면무릇다시ᄉᆞ믓엇을
憂ᄒᆞ리오力士ㅣ對ᄒᆞ야日臣은聞ᄒᆞ니雲南에ᄌᆞ조師를喪ᄒᆞ고ᄯᅩ邊將이兵을擁ᄒᆞᆷ
이大盛ᄒᆞ니陛下ㅣ쟝ᄎᆞ엇지制ᄒᆞ시리잇고且臣은恐컨ᄃᆡ一旦에禍가發ᄒᆞ면可히
다시救치못ᄒᆞ리니웃지憂가無ᄒᆞ리잇고上ㅣ日卿은言치말나朕이徐히思
ᄒᆞ리라

(乙未)十四載라二月에安祿山이奏請ᄒᆞᄃᆡ以蕃將三十二人으
로代漢將이라ᄒᆞ야늘上이命ᄒᆞ야立進畫ᄒᆞ야給告身ᄃᆡ호韋見素ㅣ謂楊國忠
日祿山이久有異志ᄒᆞ니러今又有此請ᄒᆞ니其反이明矣다로明日에見素
ㅣ入見ᄒᆞᆫ대上이迎謂日卿等이有疑祿山之意耶아ᄒᆞ야ᄃᆡ見素ㅣ因極言
ᄒᆞᄃᆡ호祿山이反已有迹ᄒᆞ니所請을不可許다ᄒᆞ니上이不悅ᄒᆞ야竟從其

請호다

十四載라二月에安祿山이奏請호디蕃將三十二人으로써漢將을代호겟다호거늘

上이命호야곳進호야告身을給호디韋見素ㅣ楊國忠더러謂曰祿山이異志ㅣ

有혼지가久호더니今에此請이有호니그反홈이明日에見素ㅣ入見호

디上이迎호야謂曰卿等이祿山을疑호는가蓋가有혼호이見素ㅣ因호야極히言호디祿

山의反홈이임의跡이有호니請호는바를可히許치말지니이다上이不悅호야마춤

니그請을從호다

安祿山이專制三道호야陰畜異志ㅣ殆將十年이로디以上이待之ㅣ

厚호欲侯上晏駕然後에作亂이러니會에楊國忠이與祿山으로不相

悅이라屢言祿山이且反호디上이不聽호니國忠이數以事로激之호야欲

其速反호야以取信於上이니祿山由是로決意遽反이러라會에有奏事

官이自京師還이러니祿山이詐爲勅書호야悉召諸將示之曰有密

旨호야令祿山으로將兵入朝호야討楊國忠호니諸君은宜卽從軍호라衆

이愕然相顧호고莫敢異言이러라

安祿山이 三道를 專制ᄒᆞ야 異志를 陰畜ᄒᆞᆷ이 거위 쟝ᄎ 十年이로ᄃᆡ 上이 待ᄒᆞ기를 厚
히ᄒᆞᆷ으로ᄡᅥ 上의 晏駕ᄒᆞᆷ을 俟ᄒᆞᆫ 然後에 亂을 作ᄒᆞ고 즈ᄒᆞ더니 참 楊國忠이 祿山으
로더부러셔로 悅치아은지라 여러번言ᄒᆞᄃᆡ 祿山이 반ᄃᆞ시 反ᄒᆞ리라ᄒᆞᄃᆡ 上이 聽치아
니ᄒᆞ니 國忠이쟈조事로ᄡᅥ 激ᄒᆞ야 速히 反ᄒᆞ게 取ᄒᆞ고 즈ᄒᆞ니 祿山이
是로 由ᄒᆞ야 意를 決ᄒᆞ야 遽히 反하더라 會에 奏事官이 有ᄒᆞ야 京師로부터 還ᄒᆞ거늘
祿山이 詐로 敕書를 ᄒᆞ야 諸將을 召ᄒᆞ야 示ᄒᆞ며 曰密旨가 有ᄒᆞ야 祿山으로ᄒᆞ곰
兵을 將ᄒᆞ야 入朝에 入ᄒᆞ야 楊國忠을 討ᄒᆞ라ᄒᆞ니 諸君은 맛당이곳從軍ᄒᆞ라ᄒᆞ衆이 愕然
이셔로顧ᄒᆞ고 敢히 異言ᄒᆞ리업더라

十一月甲子에 祿山이 發所部十五萬衆ᄒᆞ고 反於范陽ᄒᆞ야 引兵
而南ᄒᆞ다時에 海內ㅣ 久承平ᄒᆞ야 百姓이 累世不識兵革ᄒᆞ니 猝聞范
陽에兵起ᄒᆞ고 遠近이 震駭라河北은 皆祿山統內라 所過州縣이 望
風瓦解ᄒᆞ고 守令이 或開門出迎ᄒᆞ고 或棄城竄匿ᄒᆞ고 或爲
釋義解戶解ᄂᆞᆫ 言自分散也ㅣ라
所擒戮ᄒᆞ야 無敢拒之者ㅣ러라 出本傳

十一月甲子에 祿山이 所部十五萬衆을 發ᄒᆞ고 范陽에셔 反ᄒᆞ야 兵을 引ᄒᆞ고ᄡᅥ 南으
로ᄒᆞ다ᄯᅢ에 海內ㅣ 承平ᄒᆞᆫ지가 久ᄒᆞ야 百姓이 累世에 兵革을알지 못ᄒᆞ더니 猝연히

范陽애 兵起홈을 聞호고 遠近이 震駭호드라 河北은 祿山의 統內라 지나는바 州縣
이 風을 望호고 瓦갓치 解호고 守令이 或 門을 開호고 나와 迎호고 或 城을 棄호고 고 竄匿
호고 或 擒戮혼바가 되되 敢히 拒훌者ㅣ 無호더라

上이 聞祿山의 已反호고 乃使封常淸으로 乘驛호야 詣東京募兵호야 旬
日에 得六萬餘人호야 乃斷河橋호고 爲守禦之備호다 祿山이 至藁城
에 常山太守顏杲卿이 力不能拒호야 與長史袁履謙으로 往迎之호더
니 祿山이 輒賜杲卿金紫호고 質其子弟호야 使仍守常山호게호고 杲卿이 歸

其意고 乃陰與杲卿으로 謀起兵討祿山호니라

出本傳

釋義謂著祿山所賜金紫也著直略反

途中에 指其衣호고 謂履謙曰何爲著此리오 履

上이 祿山이 미反홈을 聞호고 이에 封常淸으로 호여곰 驛을 乘호고 東京에 詣호야
兵을 募호야 旬日에 六萬餘人을 得호야 이에 河橋를 斷호고 守禦의 備를 호다 祿山이
藁城에 至호니 常山太守顏杲卿이 力으로 能히 拒치 못호야 長史袁履謙으로더부러
가셔 迎훈디 祿山이 문득 金紫를 賜호고 其子弟를 質호야금 常山을 仍守호게호야 杲卿이 歸호니
謙이 其意을 悟호고 이에 가마니 杲卿으로더부러 兵을 起호야 祿山을 討호기를 謀호니라

丙子에 以郭子儀로 爲朔方節度大使ᄒᆞ고 出內府錢帛於京師

야 募兵을 十一萬을 旬日而集ᄒᆞ니 皆市井子弟也라

丙子에 郭子儀로ᄡᅥ 朔方節度大使를 삼고 內府錢帛을 京師에 出ᄒᆞ야 兵을 募ᄒᆞᆯᄉᆡ 十

一萬이 旬日만에 集ᄒᆞ니다 市井의 子弟러라

初에 平原太守顏眞卿이 知祿山이 且反ᄒᆞ고 因霖雨ᄒᆞ야 完城浚濠ᄒᆞ고

料丁壯實倉廩ᄒᆞ며 祿山이 以其書生으로 易之ᄒᆞ니라 及祿山이 反牒에

眞卿이 以平原博平兵七千人으로 防河津ᄒᆞ다 眞卿이 遣平原司兵

李平ᄒᆞ야 間道奏之ᄒᆞᆫ대 上이 始聞祿山이 反에 河北郡縣이 皆風靡

歎曰二十四郡에 曾無一人義士耶아 及平이 至에 大喜曰朕이

不識顏眞卿이 作何狀이러니 乃能如是아 眞卿이 使親客으로 密懷

購賊牒ᄒᆞ야 詣諸郡ᄒᆞᆫ대 由是로 諸郡에 多應者라 眞卿은 杲卿之從弟

也라ᄒᆞ니라 出本傳

初에 平原太守顏眞卿이 祿山이 反홀줄을 知ᄒᆞ고 霖雨를 因ᄒᆞ야 城을 完히ᄒᆞ고

濠를 浚ᄒᆞ고 丁壯을 料ᄒᆞ고 倉庫를 實ᄒᆞ게 ᄒᆞ드라 祿山이 書生으로ᄡᅥ 易ᄒᆞ얏더니 밋

祿山이 反牒에 眞卿이 平原博平兵七千人으로ᄡᅥ 河津을 防ᄒᆞ다 眞卿이 平原司兵李

卒을보닉야間道로奏ᄒᆞ거늘上이비로소祿山이反ᄒᆞᆷ을聞ᄒᆞ고歎ᄒᆞ야曰二十四郡에일즉一人의義士도無ᄒᆞ야밋河北郡縣이다風靡ᄒᆞᆷ을聞大喜ᄒᆞ야曰朕이顏眞卿이무신狀을作ᄒᆞᆫ지識치못ᄒᆞ엿더니이에能히如是ᄒᆞ도다眞卿이親客으로ᄒᆞ곰購賊牒을密懷ᄒᆞ고諸郡에詣ᄒᆞ니由是로諸郡에應ᄒᆞᄂᆞᆫ者ㅣ多ᄒᆞ지라眞卿은杲卿에從弟러라

祿山이 陷滎陽에 封常清의 所募兵이 皆白徒로 未經訓鍊이라 武牢ᄒᆞ야 以拒賊이러니 賊이 鐵騎로 蹂之ᄒᆞ니 官軍이 大敗라 丁酉에 祿山이 陷東京ᄒᆞ다

安祿山이 滎陽을 陷ᄒᆞ미 封常清이 募ᄒᆞᆫ바 兵이 모다 白徒로 訓鍊을 經치못ᄒᆞᆫ지라 武牢에 屯ᄒᆞ야써 賊을 拒ᄒᆞ더니 賊이 鐵騎로써 蹂ᄒᆞ니 官軍이 大敗ᄒᆞᆫ지라 丁酉에 祿山이 東京을 陷ᄒᆞ다

是時에 朝廷이 徵兵ᄒᆞᄃᆡ 諸道ㅣ 皆未至라 關中이 恟懼ᄒᆞ더니 會에 祿山이 方謀稱帝ᄒᆞ야 留東京不進故로 朝廷이 得爲之備ᄒᆞ고 兵亦稍集이라

是時에 朝廷이 兵을 徵호ᄃᆡ 諸道ㅣ 다 至치안는지라 關中이 恟懼ᄒᆞ더니 맛ᄎᆞᆷ祿山이바야ᄒᆞ로 帝ᄒᆞ기를 謀ᄒᆞ야 東京에 留ᄒᆞ야 進ᄒᆞ지안는故로 朝廷이 備ᄒᆞᆷ을 得ᄒᆞ다

고兵이또졈々集ᄒᆞ더라

顏眞卿이 召募勇士ᄒᆞ야 旬日에 至萬餘人이라이 諭以舉兵討安祿

顏眞卿이 勇士ᄅᆞᆯ 召募ᄒᆞ야 旬日에 萬餘人에 至ᄒᆞᆫ지라 兵을 擧ᄒᆞ야 安祿山을 討홈으로써 諭ᄒᆞ고 繼ᄒᆞ야 涕泣ᄒᆞ니 士ㅣ 다 感憤ᄒᆞ더라

山고繼以涕泣ᄒᆞ니 士皆感憤이러라

以哥舒翰으로 爲兵馬副元帥ᄒᆞ야 將八萬ᄒᆞ고 軍于潼關ᄒᆞ다

哥舒翰으로써 兵馬副元帥ᄅᆞᆯ 삼아 八萬을 將ᄒᆞ고 潼關에 軍ᄒᆞ다

顏杲卿이 將起兵ᄒᆞᆯᄉᆡ 命崔安石等ᄒᆞ야 徇諸郡云호ᄃᆡ 大軍이 已下井

陘ᄒᆞᄂᆞ니反 朝夕에 當至ᄒᆞ야 先平河北諸郡ᄒᆞ리니 先至者ᄂᆞᆫ 賞ᄒᆞ고 後至者

誅ᄒᆞ리라ᄒᆞᆫ 於是예 河北諸郡이 響應ᄒᆞ야 凡十七郡이 皆歸朝廷ᄒᆞ야 兵

合二十餘萬이라 其附祿山者ᄂᆞᆫ 惟范陽盧龍密雲漁陽汲鄴

六郡而已라 出本傳

顏杲卿이 將ᄎᆞ 兵을 起ᄒᆞᆯᄉᆡ 崔安石等을 命ᄒᆞ야 諸郡에 徇ᄒᆞ야 云호ᄃᆡ 大軍이 이미 井

陘에 下ᄒᆞ엿ᄂᆞ니 朝夕에 맛당이 至ᄒᆞ야 먼저 河北諸郡을 平ᄒᆞ리니 先至者ᄂᆞᆫ 賞ᄒᆞ고

後至者는 誅ᄒᆞ리라ᄒᆞ디 於是에 諸郡이 響을應ᄒᆞ야 무릇 十七郡이다 朝廷에 歸ᄒᆞ야

兵이合二十餘萬이라 祿山의게 附ᄒᆞᆫ者ᄂᆞᆫ 오즉 范陽盧龍密雲漁陽汲鄭六郡일다름

이러라

丙子食實封三百戶唐爵九等 一曰王食邑萬戶正一品 二曰郡王食邑五戶從一品 三曰國公食邑三千戶從二品
四曰開國郡公食邑二千戶正二品 五曰開國縣公食邑千五百戶從二品 六曰開國縣侯食邑千戶從三品 七曰開
國縣伯食邑七百戶正四品 八曰開國縣子食邑五百戶正五品上 九曰開國縣男食邑三百戶從五品上食實封
者得眞戶分食諸州凡戶三丁以上爲率租三之一入于爲限租賦全入封家(丁丑)楊洞又

諸上之在藩也趙麗妃生太子瑛皇甫德儀生鄂王瑤劉才人生光王琚及即位辛武惠妃生壽王瑁麗等愛皆弛

太子與瑤琚以母失職有怨望語駙馬都尉楊洞常伺三子過失以告惠妃泣訴於上上大怒欲廢之九齡力諍而止

及九齡龍洞又譖之伺洞咸宜公主惠妃之女洞黨於惠妃(甲申)武惠妃武攸止女也王皇后廢進冊惠妃遂

龍欲立爲后衛史潘好禮上疏曰禮父母讐不共載天春秋子不復讐不子也陛下欲以武氏爲后何以見天下士妃

之再從叔三思從父延秀皆干紀亂常天下共疾夫惡木靈陰忠士不息盜泉飛溢廉夫不飮匹夫匹婦猶相攝況夫

子平顧愼選華族稱神祇之心今太子非惠妃所生妃有子若一儻宸極則儲位將不安古人所以諫其漸也乃不立

詳密
註釋

通鑑諺解卷之十二

不許
複製

詳密註釋 通鑑諺解 卷之十二

重版 印刷●2001年　7月　1日
重版 發行●2001年　7月　5日
校　閱●明文堂編輯部
發行者●金　東　求
發行處●明　文　堂
　　　　서울특별시 종로구 안국동 17~8
　　　　대체　010041-31-001194
　　　　전화　（영）733-3039, 734-4798
　　　　　　　（편）733-4748
　　　　FAX 734-9209
　　　　Homepage www.myungmundang.net
　　　　E-mail　　om@myungmundang.net
　　　　등록　1977. 11. 19. 제1~148호

●낙장 및 파본은 교환해 드립니다.
●불허복제·판권 본사 소유.

값 6,000원
ISBN 89-7270-645-0 94910
ISBN 89-7270-049-5(전15권)

東洋古典原本叢書

原本備旨 **大學集註**(全) 金赫濟 校閱

原本備旨 **中庸**(全) 金赫濟 校閱

原本備旨 **大學・中庸**(全) 金赫濟 校閱

原本 **孟子集註**(全) 金赫濟 校閱

原本備旨 **孟子集註**(上・下) 金赫濟 校閱

正本 **論語集註** 金星元 校閱 값 3,900원

懸吐釋字具解 **論語集註**(全) 金赫濟 校閱

原本備旨 **論語集註**(上・下) 申泰三 校閱

原本集註 **周易** 金赫濟 校閱

備旨具解 **原本周易**(乾・坤) 明文堂編輯部

原本集註 **書傳** 金赫濟 校閱

原本集註 **詩傳** 金赫濟 校閱

原本懸吐備旨 **古文眞寶前集** 黃堅 編 金赫濟 校閱

原本懸吐備旨 **古文眞寶後集** 黃堅 編 金赫濟 校閱

懸吐 **通鑑註解**(전3권) 司馬光 撰

原本 **史記五選** 金赫濟 校閱

詳密註解 **史略諺解**(전3권) 明文堂編輯部 校閱

詳密註解 **史略諺解**(全) 明文堂編輯部 校閱

原本集註 **小學**(上・下) 金赫濟 校閱

原本 **小學集註**(全) 金星元 校閱

東洋古典은
계속
출간됩니다.

東洋古典解說
李民樹 著/신국판 양장

論語新講義
金星元 譯著/신국판 양장

原文對譯 史記列傳精解
司馬遷 著/成元慶 編譯/신국판

공자의 생애와 사상의 올바른 이해
공자의 생애와 사상
金學主 著/신국판

노자와 도가사상의 현대적 해석
노자와 도가사상
金學主 著/신국판

梁啓超
毛以亨 著/宋恒龍 譯/신국판

동양인의 哲學的 思考와 그 삶의 세계
宋恒龍 著/신국판

임어당의 신앙과 사상의 여정
東西洋의 사상과 종교를 찾아서
林語堂 著·金學主 譯/신국판

老莊의 哲學思想
金星元 編著/신국판

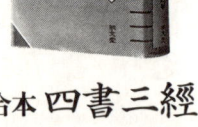

合本 四書三經
동양 고전의 精髓!
이 책은 오랜 각고의 세월을 거쳐
대학·중용·논어·맹자의 四書와
더불어 서경·시경·주역의 三經을
그 眞髓만을 모아 엮었다.
原文의 정확함은 물론 난해한 語句는
註를 달아 풀이 하였다.
白鐵 監修/4·6배판 양장

천하일색 양귀비의 생애
小說 揚貴妃
井上靖 著/安元煥 譯

自然의 흐름에 거역하지 말라
장자의 에센스 莊子
安元煥 編譯

仁과 中庸이 멀리에만 있는 것이드냐
孔子傳
김전원 編著

백성을 섬기기가 그토록 어렵더냐
孟子傳
安元煥 編著

영원한 신선들의 이야기
神仙傳
葛洪稚川 著/李民樹 譯

한 권으로 읽는
東洋古典 41選
안길환 편저

白樂天詩研究
金在乘 著/신국판

中國現代詩研究
許世旭 著/신국판 양장

中國人이 쓴 文學槪論
王夢鷗 著/李章佑 譯/신국판 양장

中國詩學
劉若愚 著/李章佑 譯/신국판 양장

中國의 文學理論
劉若愚 著/李章佑 譯/신국판 양장

小說 孫子
鄭麟永 著/文熙奭 解

小說 칭기즈칸
李文熙 著/高炳翊 解

小說 孔子
宋炳洙 著/李相殷 解

小說 老子
安東林 著/具本明 解

戰國策
김전원 編著

宋名臣言行綠
鄭鉉祐 編著

人間孔子
행동으로 지팡이를 삼고
말씀으로 그림자를 삼고
李長之 著/김전원 譯

新譯 後三國志

인간 군상의 다채로운 대서사시

보라! 천추의 한을 품고
불모의 땅으로 피했던 촉한의 후예들이
다시 칼을 갈고 힘을 길러 중원에서 벌이는
지혜와 용맹의 각축전을……

제1권 망국원한편　제4권 진조멸망편
제2권 와신상담편　제5권 권세변전편
제3권 촉한부흥편

李元燮 譯/신국판/전5권

新譯 反三國志

모든 正史는 거짓이다!

反三國志는 正史의 허구를
날카롭게 파헤친
三國志 속의 반란이다.

역사의 수레바퀴가 어디로 굴러가는지
그 누구도 알 수 없다.
단지 우리는 예측할 뿐이다.
전후 사백 년을 거쳐 번영을 누린 한제국도
후한 말 쇠퇴일로를 걷게 되는데……

周大荒 著/鄭鉉祐 譯/전3권

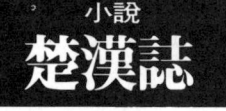

小說 楚漢誌

역사 속의 명작!

역사의 뒤안으로
사라져 간 영웅들

바야흐로 수많은 영웅 호걸들이
우후죽순처럼 일어나 천하의
패권을 놓고 다툴 때
역사의 수레바퀴를
돌려놓은 자는 누구인가?

金相國 譯/신국판/전5권

儒林外史

사회, 정치풍자소설의
古典 유림외사

《阿Q正傳》의 작가 루쉰이
중국 풍자소설의
효시라고 극찬한 《儒林外史》!
《삼국지》·《수호지》를
능가하는 다양한
인간군상들의 활극장!

중국 풍자소설의 진수!

부귀공명의 언저리를 장식하는 아부·교만·권모술수,
그리고 그 속에 우뚝 선 청아한 인격자들!
유림외사는 인간이 보여줄 수 있는 최고의 아름다움과
추함에 대해 풍자의 칼을 대고 있어, 개인주의의 첨단을
달리고 있는 현대인들에게 깊은 감동과 지혜를 준다.

吳敬梓 著/陳起煥 譯/신국판/전3권

后宮秘話

삼천삼백년의 장구한
중국역사를 화려하게,
피눈물나게 장식했던
후궁·궁녀들의
사랑·횡포·애증, 그리고
권모술수의 드라마!

경국지색들의 실체 해부

중국의 역대 제왕들은 어느 궁녀를 사랑해야 할지 몰라
기상천외의 방법들을 생각해 냈고, 후궁과 궁녀들은
제왕들의 눈에 들기위해 눈물겨운 사투를 벌이게 된다.
은나라의 '달기'에서부터 청말의 '서태후'까지,
역대 왕조의 흥망에 지대한 영향을 끼쳤던 여인들의
파란만장한 일대기!

成元慶 編著/신국판/전3권